GR® 4

HAUTS PLATEAUX ET MONTS D'AUVERGNE

Combrailles - Monts Dôme - Monts Dore
Parc naturel régional des Volcans d'Auvergne

GR 4 (Aubusson - Saint-Flour) : 274 km

FÉDÉRATION FRANÇAISE DE LA RANDONNÉE PÉDESTRE
association reconnue d'utilité publique

9, rue Geoffroy-Marie
75009 PARIS

Col de Cabre - *Photo Christiane Fantola.*

Sommaire

Couverture : vue sur le Puy de Sancy.
Photo : Liliane Agon.

La Fédération Française de la Randonnée Pédestre

c'est aussi

1600 clubs et associations

prêts à vous faire découvrir la France par les sentiers balisés.

Leurs animateurs passionnés sauront vous guider
sur les plus beaux chemins de votre région.

Ces associations proposent des sorties
programmées **"à la carte"** toute l'année.
C'est un lieu de rencontre où l'on peut randonner
comme on aime et en toute sécurité.
Elles participent à l'entretien et à l'aménagement des chemins.

Le 3615 RANDO

Pour connaître :

- les associations proches de chez vous,
- les randonnées prévues dans les régions,
- la mise à jour des Topo-guides,
- les petites annonces.

Randonnée Magazine

- Le mensuel pour découvrir les provinces françaises par les sentiers.
- Un hors-série au printemps spécial balades, le **"Rando Guide"**, propose des circuits dans toutes les régions ainsi que des informations pratiques.

Le Centre d'information Sentiers et Randonnée

des conseils pour organiser vos randonnées
des informations sur les associations FFRP en France

La FFRP

Depuis 1947, le Comité National des Sentiers de Grande Randonnée, devenu 30 ans plus tard la Fédération Française de la Randonnée Pédestre, s'est donné pour tâche d'équiper la France d'un réseau d'itinéraires de randonnée pédestre, balisés, entretenus, décrits dans des topo-guides comme celui-ci et ouverts à tous. Ce sont des bénévoles, au nombre de 2 500 à 3 000 en permanence, qui tout au long de ces quarante années d'existence ont créé les 60 000 km de sentiers de grande randonnée, les GR maintenant bien connus.

Si la randonnée pédestre a pris en France le développement qu'on lui connaît à l'heure actuelle, si les GR ont acquis la renommée qui leur est reconnue, c'est à eux et à la Fédération qu'on le doit. Depuis quelques années, leur action s'est étendue à des itinéraires de petite ou de moyenne randonnée destinés aux randonneurs de week-end et de proximité.

La Fédération, seule ou parfois avec le concours de collectivités locales, édite les topo-guides qui décrivent les itinéraires et mettent en valeur leur attrait sportif ou culturel.

Mais son action désintéressée ne se borne pas là. Elle intervient sans cesse auprès des pouvoirs publics pour la protection et le maintien des chemins et sentiers nécessaires à la randonnée, pour la sauvegarde de l'environnement naturel, pour la promotion de la randonnée, pour la défense des intérêts des randonneurs.

Elle regroupe plus de 1 500 associations de randonneurs sur l'ensemble du territoire. Celles-ci font sa force. Randonneurs qui utilisez ce topo-guide, rejoignez-les. Plus vous serez nombreux, plus la Fédération sera forte, plus son audience sera grande et plus elle disposera de moyens pour répondre à votre attente.

Réalisation. L'itinéraire a été créé et balisé par une équipe de bénévoles de la FFRP, composée de : Sylvie Vaugelade, déléguée régionale Limousin et déléguée départementale de la Creuse, Monique Brun, déléguée départementale-adjointe du Puy-de-Dôme et Marianne Pujo, déléguée du Cantal ; avec la participation de Michel Agon, Guy Bayard, Jacques Bernard, Joël Chalimon, Jean-Bernard Doly, Patrick Pinault, Jean-Guy Ravé, Rémy Serpolet et de l'Association départementale Creuse Randonnée.

Cette édition est le résultat d'un travail collectif, animé par Christian Tijou, délégué régional d'Auvergne et délégué départemental du Puy-de-Dôme.

Le texte de présentation des régions traversées est de Michel Tessonnier. La sélection et la rédaction des autres textes sont dues à Dominique Dain et Christian Tijou.

Coordination générale : Dominique Gengembre. **Secrétariat de rédaction :** Philippe Lambert. **Cartographie et fabrication :** Olivier Cariot, Christiane Fantola, Jérôme Bazin et Nicolas Vincent. **Secrétariat du service Éditions :** Béatrice Ducrot.

Km	LOCALITÉS / RESSOURCES	Pages	Gîte d'étape	Hôtel	Camping	Ravitaillement	Restaurant	S.I.	Car	Gare SNCF
	AUBUSSON	19	•	•	•	•	•	•	•	•
11	NEOUX	19			•					
13	CROCQ	21	•	•	•	•	•			
16	LETRADE	27		•			•			•
15	CONDAT-EN-COMBRAILLE	27	•		•	•	•			
19	PONTAUMUR	29		•	•	•	•		•	
5,5	MIREMONT	31			•	•	•			
7,5	SAINT-JACQUES-D'AMBUR	33			•					
8	MONTFERMY	33				•				
11	SAINT-OURS-LES-ROCHES	33			•	•	•			
6,5	LE VAURIAT	35	•				•			•
15	LA FONTAINE-DU-BERGER	39					•			
9	SOMMET DU PUY-DE-DOME	41		•			•			
1,5	COL DE CEYSSAT	41					•			
3,5	LASCHAMP	41	•	•						
6	CHATEAU DE MONTLOSIER	41	•							
10,5	LA GARANDIE	45			•					
4	SAULZET-LE-FROID	45		•		•	•			
3	PESSADE	47	•				•			
12,5	MONT-DORE	51	•	•	•	•	•	•	•	•
12	SUPER-BESSE	55		•	•	•	•		•	
8,5	CISTERNES	57					•			
8	EGLISENEUVE-D'ENTRAIGUES	57	•	•	•	•	•		•	
15	CONDAT-EN-FENIERS	59	•	•	•	•	•		•	
10	LUGARDE	61	•	•	•	•	•			
5	SAINT-SATURNIN	63		•	•	•	•			
5,5	PONT DE LA ROCHE	63					•			
18	LE CLAUX (GR 400)	67	•	•	•	•	•		•	
8	COL DE SERRE	67					•			
2,5	BURON D'EYLAC	67	•							
1,5	PAS DE PEYROL	69					•			
9,5	COL DE FONT DE CERE	71					•			
0,5	VILLAGE VACANCES VAL	71	•				•			
1,5	LE LIORAN	71		•			•		•	•
1	SUPER-LIORAN	71		•	•	•	•	•		
7,5	PRAT-DE-BOUC	73	•				•			
8	LESCURE-HAUT	73	•							
5	VALUEJOLS	75	•	•		•	•		•	
20,5	SAINT-FLOUR	79		•	•	•	•	•	•	•

Gîte d'étape — Camping — Restaurant — Car

Hôtel — Ravitaillement — S.I. — Gare SNCF

Idées rando

Deux jours

1. Montfermy - Pontaumur par GR 460, 15 km.
2. Pontaumur - Montfermy par GR 4, 20 km.

Voir pp. 29-33.

1. Le Lioran - Lescure-Haut, 16,5 km.
2. Lescure-Haut - Saint-Flour, 25,5 km.

Voir pp. 71-79.

Trois jours

1. Le Vauriat - Laschamp, 29 km.
2. Laschamp - Pessade, 19,5 km.
3. Pessade - Le Mont-Dore, 12,5 km.

Voir pp. 35-51.

Du château féodal de Crocq, il reste deux grosses tours rondes reliées par une courtine. *Ph. Creuse Randonnée*

Quatre jours

1. Aubusson - Crocq, 24 km.
2. Crocq - Condat-en-Combraille, 21 km.
3. Condat - Pontaumur, 19 km.
4. Pontaumur - Le Vauriat par GR 460, 28 km.

Voir pp. 19-35.

1. Le Mont-Dore - Egliseneuve-d'Entraigues, 24,5 km.
2. Egliseneuve-d'Entraigues-Lugarde, 25 km.
3. Lugarde - Buron d'Eylac, 26 km.
4. Buron d'Eylac - Le Lioran, 13 km.

Voir pp. 51-71.

Puy-de-Dôme. *Photo Michel Agon.*

Infos pratiques

Adresses utiles

- Centre d'information de la FFRP *Sentiers et Randonnée*
  64, rue de Gergovie, 75014 Paris, tél. 45 45 31 02.
- Creuse Randonnée
  14, avenue Pierre-Leroux, BP 32, 23001 Guéret Cedex, tél. 55 51 46 23.
- Chamina
  Association pour le développement de la randonnée dans le Massif Central et Agence de voyage Chamina-Sylva
  5, rue Pierre-le-Vénérable, 63000 Clermont-Ferrand, tél. 73 92 81 44.
- Parc Naturel Régional des Volcans d'Auvergne
  Château de Montlosier - Randanne
  63970 Aydat, tél. 73 65 64 00
- Comité régional de tourisme Auvergne
  43, avenue Julien, BP 395, 63011 Clermont-Ferrand, tél. 73 93 04 03.
- Comité régional de tourisme Limousin
  27, rue de la Corderie, 87031 Limoges Cedex, tél. 55 45 18 80.
- Union départementale des Offices de tourisme et Syndicats d'initiative de la Creuse
  1, avenue Charles-de-Gaulle, 23000 Guéret, tél. 55 52 58 23.
- Comité départemental de tourisme du Puy-de-Dôme
  26, rue Saint-Esprit, 63038 Clermont-Ferrand Cedex, tél. 73 42 21 23.
- Comité départemental de tourisme du Cantal
  Hôtel du département, BP 8, 15018 Aurillac Cedex, tél. 71 46 22 00.
- Maison de la Région Auvergne
  194 bis, rue de Rivoli, 75001 Paris, tél. 42 61 82 38.
- Maison du Limousin
  30, rue Caumartin, 75009 Paris, tél. 40 07 04 67.
- Secours en montagne : Super-Besse, tél. 73 79 60 36 et Super-Lioran, tél. 71 20 04 80.
- Météorologie (messages enregistrés) : Creuse, tél. 36 68 02 23 - Puy-de-Dôme, tél. 36 68 02 63 et Cantal, tél. 36 68 02 15.

Balisage et itinéraire

Le parcours correspond à la description qui est faite dans le topo-guide. Toutefois, dans le cas de modifications d'itinéraire (rendues nécessaires par l'exploitation agricole ou forestière, le remembrement, les travaux routiers), il faut suivre le nouveau balisage qui ne correspond plus alors à la description. Ces modifications sont publiées, quand elles ont une certaine importance, dans la revue *Randonnée Magazine* et sur le Minitel 3615 RANDO.
Les renseignements fournis dans le topo-guide et par le jalonnement, exacts au moment de l'édition de cet ouvrage, ne sont donnés qu'à titre indicatif et n'engagent en aucune manière la responsabilité de la FFRP.

Les randonneurs utilisent balisages et topo-guides sous leur propre responsabilité. Les balisages effectués par les bénévoles de la FFRP n'ont pour objet que de faciliter aux utilisateurs la lecture du terrain qu'ils parcourent.

Bibliographie

— *Le Massif Central,* Guy Bouet et André Fel, Atlas et géographie de la France moderne (Flammarion)

— *Les Monts d'Auvergne,* collectif d'auteurs sous la direction de Pierre Bressollette (éd. Privat)

— *En parcourant le Puy-de-Dôme*
En parcourant le Cantal, P. Lapadu-Hargues, édition Plein Air Service

— *Les Volcans d'Auvergne,* Aimé Rudel (éd. Volcans)

— *Les publications du Parc Naturel régional des Volcans d'Auvergne,* n° 1-4 éd. G. de Bussac, n° 6 coédition Parc-IGN, n° 8-12-14 éd. Arpège.

— *Le Massif du Mont-Dore,* Robert Brousse, collection « A la Découverte » (éd. G. de Bussac)

— *La Haute-Auvergne,* Pierre Wirth, Voyage à travers la France, éd. SAEP

— *La Maison rurale en Auvergne n° 2 :* la Haute-Auvergne, Roland Ondet - Patrice Trapon, les cahiers de construction traditionnelle (éd. Créer, à Nonette)

— *Le Colporteur :* catalogue annuel de la randonnée dans le Massif Central (CHAMINA)

— *Le Massif Central :* les 100 plus belles courses et randonnées, Annick et Serge Mouraret, coll. Créee chez Denoël

— *Fleurs d'Auvergne,* E. Grenier, Ch. le Minor (éd. SAEP)

— *Auvergne,* guide couleurs Delpal (éd. Nathan)

— *A la découverte des fleurs sauvages du massif du Sancy,* Paul Rozier, petit guide de poche

— *Les Volcans d'Auvergne et du Velay,* F. Graveline et F. Debaisieux (éd. Solar)

— *Maisons paysannes et vie traditionnelle en Auvergne,* R. Ondet, L. Breuillé, R. Dumas, P. Trapon (éd. Créer)

— *Le Volcan cantalien :* 56 circuits de petite randonnée, éd. CHAMINA

— *Guides de petite randonnée* édités par CHAMINA (catalogue sur demande).

— *Le Cantal*, éd. Malroux Mazel CHAMINA.

— *Gîtes et refuges,* Annick et Serge Mouraret, éd. La Cadole.

Cartographie

— Cartes IGN au 1:25 000 n°s 2330 Ouest, 2331 Est, 2431 Ouest et Est, 2531 ET, 2432 ET, 2434 OT, 2534 OT, 2435 OT, 2535 Ouest et Est.

— Cartes IGN au 1:100 000 (série verte) n°s 41, 42 et 49.

— Cartes Michelin au 1:200 000 n°s 72, 73 et 76.

La FFRP-CNSGR ne vend pas ces cartes. Pour se les procurer s'adresser :
— pour les cartes Michelin : aux librairies et papeteries;
— pour les cartes IGN à l'Institut Géographique National :

- service de vente des cartes, 107, rue de la Boétie, 75008 Paris, tél. 43 98 85 00 : pour les achats directs, les renseignements et la vente par correspondance ;
- agents de vente régionaux de l'IGN, librairies et papeteries figurant sur la liste dressée par l'IGN.

Difficultés

Le parcours du GR 4 ne présente pas de difficulté majeure pour toute personne habituée à la marche en terrain varié et au port du sac à dos. Mais attention ! la montagne auvergnate peut réserver des surprises désagréables ; le climat est rude et le temps change vite.

— En cas d'orage, éviter absolument les sommets, les arbres isolés, les grandes étendues dénudées.

— Les brouillards peuvent être soudains : ne pas s'engager sur les massifs ou sur les hauts plateaux où les chemins ne sont pas toujours nettement marqués.

— La pluie peut rendre certains sentiers très glissants.

— En demi-saison, les verglas sont fréquents.

— Les passages les plus délicats se situent en montagne : lignes de crête du Massif du Sancy et du Cantal (Brèche de Rolland), mais aussi sur les plateaux de l'Artense, du Limon et de la Planèze.

— Les points d'eau potable peuvent être assez espacés : prévoir les quantités nécessaires au départ des étapes ou dans les lieux habités.

— Tout le secteur du Puy Pariou (hors GR) dans la chaîne des Puys peut être interdit en semaine à cause des tirs réels effectués sur le terrain militaire de la Fontaine du Berger.

Epoque

En général, cet itinéraire peut être parcouru de juin à novembre. Il est déconseillé en hiver sauf pour les amateurs de randonnées à ski alpines ou nordiques (se renseigner avant le départ).

Etapes et horaires de marche

Chacun fait étape en fonction de ses possibilités physiques et du mode d'hébergement choisi. Se reporter aux tableaux des horaires et des ressources.

Les temps de marche indiqués dans le présent ouvrage sont ceux qui correspondent à une marche effective (sans pause ni arrêt par conséquent) accomplie à la vitesse de 4 km à l'heure environ en plaine. Chacun doit donc interpréter ces temps en fonction de son chargement (campeurs en particuliers) et de ses possibilités physiques. Sur les sentiers de montagne le calcul est différent : il faut compter 300 m à la montée, 400 à 500 m à la descente pour un randonneur moyen et peu chargé.

Equipement

Prévoir des vêtements chauds et imperméables, même en été. Une boussole est vivement conseillée. Il est conseillé de consulter le *Guide Pratique du Randonneur*, édité par la FFRP.

Repères

Dans la description des itinéraires, à côté des noms de lieux, il est parfois mentionné des repères, exemple : - Repère X -; cette indication permet de situer ce lieu sur la reproduction des cartes figurant dans ce topo-guide.

Sens de la description

La description de l'itinéraire a été faite dans le sens nord-sud, d'Aubusson (Creuse) à Saint-Flour (Cantal), en raison de l'intérêt croissant des paysages.

Sentiers de petite randonnée

Tout au long du GR 4, le randonneur rencontrera des circuits PR balisés en bleu, jaune ou vert. Ces itinéraires ont été créés par ***Creuse Randonnée (voir Adresses utiles)*** entre Aubusson et Crocq et par ***Chamina (voir Adresses utiles)*** entre Crocq et Saint-Flour.

Quelques-uns de ces circuits sont indiqués dans la présente édition, lorsqu'ils ont des tronçons communs avec le GR et qu'ils peuvent permettre de le quitter pour trouver un point de ravitaillement, d'hébergement ou d'accéder à un site intéressant pour une meilleure approche des pays traversés. *Dans certains cas, les PR ne sont balisés que dans un seul sens.*

D'autres balisages ou fléchages peuvent être rencontrés : balisage orange des équestres, réalisations locales (communes ou associations).

1991-1995 est une période transitoire pour les GR en Creuse.

C'est la période consacrée à la réhabilitation des itinéraires creusois : ils sont remis en état (élagage, débroussaillement, balisage...) et rattachés à l'ensemble du maillage départemental intitulé Plan Départemental Touristique des Randonnées (opération intégralement financée par le Conseil Général de la Creuse).

Pour éviter tout désagrément, avant votre départ, prenez contact avec Creuse Randonnée (voir Adresses utiles). Une équipe d'animateurs vous conseille sur le choix de votre itinéraire et vous propose une cartothèque départementale adaptée à vos besoins.

Transports

SNCF

Le GR 4 est accessible à partir des gares d'Aubusson (ligne Guéret - Felletin), Létrade (ligne Montluçon - Ussel), le Vauriat (ligne Clermont-Ferrand - Brive), le Mont-Dore (ligne Clermont - le Mont-Dore), le Lioran (ligne Clermont-Ferrand - Aurillac) et Saint-Flour (ligne Paris - Clermont - Béziers « l'Aubrac »).

Condat-en-Feniers est desservi par les cars de la ligne Neussargues-Bort-les-Orgues.

Gare d'Aubusson : tél. 55 66 13 28
Gare de Clermont-Ferrand : tél. 73 92 50 50
Gare de Saint-Flour : tél. 71 60 03 37

Autocars (hors SNCF)

Se renseigner auprès des gares routières ci-dessous :
Aubusson : tél. 55 66 20 32
Clermont-Ferrand : tél. 73 93 13 61
Pour la ligne Aurillac - Saint-Flour, consulter la compagnie STTAC, tél. 71 48 48 33.

Hébergements

Une mise à jour des hébergements situés sur le GR ou à proximité est assurée par le service Minitel de la FFRP, 3615 Rando.

On peut également s'adresser à Creuse Randonnée, pour le département de la Creuse, et à Chamina, pour les départements du Puy-de-Dôme et du Cantal; voir Adresses utiles.

- Aubusson (23200)
  Auberge de jeunesse / foyer des jeunes travailleurs, 10 places. 14, rue des Fusillés, ☎ 55 66 13 59.
- Crocq (23260)
  Gîte d'étape, 20 places. Les Petites Ecuries, route de la Courtine, ☎ 55 67 47 73 ou 55 67 46 27.
- Condat-en-Combraille (63380)
  Gîte d'étape, 8 places. M. Ratelade, ☎ 73 79 03 41. Mairie, ☎ 73 79 00 09.
- Le Vauriat (63230 Saint-Ours-les-Roches)
  Relais Le Vauriat, ☎ 73 88 73 87.
- Laschamp (63122 Ceyrat)
  Gîte d'étape, 30 places. Mme Andant, ☎ 73 62 12 50.
- Montlosier (63970 Aydat)
  Gîte d'étape, 15 places. Parc des Volcans, château de Montlosier, ☎ 73 65 64 00.
- Pessade (63970 Saulzet-le-Froid)
  Gîte d'étape, 30 places. Mme Pellissier, ☎ 73 79 31 07.
- Chareire (63113 Picherande)
  Gîte d'étape, 30 places. Mme Besson, ☎ 73 22 31 17.

- Egliseneuve-d'Entraigues (63850)
  Gîte d'étape, 30 places + 15 places. M. P. Besson, ☎ 73 71 94 76.
- Vaisset (15190 Condat-en-Feniers)
  Ferme-auberge, sur réservation. ☎ 71 78 55 45.
- Condat-en-Feniers (15190)
  Gîte d'étape, 19 places. ☎ 71 78 51 31.
- Lugarde (15190)
  Gîte d'étape, 19 places. M. Douhet, boulanger, ☎ 71 78 40 47.
- Le Claux (15400)
  Gîte d'étape, 17 places. Mme la gérante du camping, ☎ 71 78 93 88.
- Eylac (15400 Le Claux)
  Gîte d'étape, 13 places. Maison de la gentiane, ☎ 71 78 10 45 du 01/06 au 30/09 et 71 78 15 93 le reste de l'année.
- Super-Lioran (15300 Laveissière)
  Gîte d'étape, 16 places. Village de vacances Val Brive, ☎ 71 49 50 60.
  Gîte d'étape la Fal, ☎ 71 49 50 51.
- Prat-de-Bouc (15300 Murat)
  Gîte d'étape, ouvert toute l'année, 24 places, ☎ 71 73 32 13.
- Lescure-Haut (15300 Valuéjols)
  Relais d'étape, 13 places. Mme J. Riom, ☎ 71 73 21 26.
- Valuéjols (15300)
  Centre d'accueil, 30 places, restauration au bourg. ☎ 71 73 23 23.

> La réservation est vivement conseillée. Elle se fait auprès de Chamina, au moins 15 jours avant la randonnée.
>
> Chaque année, en début de saison, Chamina tient à la disposition des randonneurs la liste des gîtes d'étape incluse dans le *Colporteur* (envoi contre 35 F de frais postaux).

Le Parc Naturel Régional des Volcans d'Auvergne

Un pays de lacs et de volcans

Sur près de 350 000 ha, il s'étend sur cinq régions naturelles, les Monts-Dore, la chaîne des Puys, le Cézalier, le Cantal et l'Artense, et recouvre des paysages issus pour la plupart de la fantaisie des manifestations éruptives.

Un pays d'histoire et de traditions

Riche en témoignage du passé avec ses églises d'art roman ou ses châteaux forts, et son patrimoine rural.

Une terre d'accueil pour le ski de fond

Grâce aux zones nordiques présentant :
— un hébergement de qualité ;
— des pistes et des itinéraires tracés et balisés ;
— des portes d'accueil au départ des pistes avec tous les services.
Documentation sur demande.

Des expositions et diaporamas dans les Centres d'Informations et Maisons du Parc

— A Volvic, la Maison de la Pierre (tous les jours, sauf le mardi) du 15 mars au 15 novembre. Carte Michelin n° 73, pli 14.
— A Égliseneuve-d'Entraigues, la Maison des Fromages d'Auvergne (tous les jours) du 15 juin au 30 septembre. Carte Michelin n° 76, pli 3.
— A Riom-ès-Montagne (Cantal), la Maison de la Gentiane (tous les jours) du 1er juin au 30 septembre. Carte Michelin n° 76, pli 2.
— A Laveissière (Cantal), route du Lioran, la Maison du Buronnier (tous les jours, sauf mardi) du 15 juin au 30 septembre. Carte Michelin n° 76, pli 3.
— A Saint-Alyre-ès-Montagne (Puy-de-Dôme), la Maison des Tourbières du 15 juin au 5 septembre (tous les jours) et jusqu'au 30 septembre le vendredi, samedi et dimanche.
— A Besse et Saint-Anastaise (Puy-de-Dôme), la Maison de l'Eau et de la Pêche (tous les jours) du 1er juillet au 30 septembre.
— A Murat (Cantal), la Maison de la Faune (tous les jours) du 1er juillet au 31 août.
— Au col de Guéry à Orcival (Puy-de-Dôme), la Maison de la Flore (tous les jours) du 1er mai au 15 septembre.
— A Montlosier, siège du Parc (Randanne, Aydat), au Centre d'Information, du 15 juin au 30 septembre.

Montlosier-près-Randanne, commune d'Aydat, 63970 Aydat, ☎ 73 65 64 00.

▲ La vallée de Chaudefour ▼ Le lac de Guéry. *Photos Michel Agon*

Les régions traversées

Le tronçon du GR 4 décrit dans ce guide traverse du nord au sud les monts et planèzes d'Auvergne, en visitant les plus hauts ou prestigieux sommets du Massif Central : le Puy de Dôme (1 464 m), le Puy de Sancy (1 885 m), le Puy Mary (1 783 m), le plomb du Cantal (1 855 m).

A partir d'Aubusson, capitale mondiale de la tapisserie, le sentier s'enfonce dans ces ***Combrailles*** injustement boudées par le touriste : il s'agit d'un plateau usé, aux vastes ondulations couronnées de bois (altitude moyenne 800 m), une sorte de songe peuplé d'étangs mélancoliques et de genêts en fleurs, rêvé par une bergère assoupie sous un grand parapluie noir. A l'approche des monts Dôme, le paysage évoque certains sites de la Meuse ardennaise. A Montfermy, dans une vallée profondément encaissée, la Sioule décrit des méandres au point de recouper presque les boucles de son cours.

Le GR 4 va alors pénétrer dans le Parc Naturel Régional des Volcans d'Auvergne, conservateur du plus étonnant musée des formes volcaniques. La ***chaîne des Puys*** est constituée par quelque quatre-vingts volcans dont la jeunesse (4 000 - 8 000 ans) n'a pas laissé prise à l'érosion. Sur un socle de 900 m d'altitude et 30 km de long s'aligne un fabuleux troupeau. Voici le type strombolien, le type péléen, voilà les coulées de laves (les cheires) tantôt cultivées, tantôt chaotiques et propres seulement au pacage des moutons. Les hameaux y figurent autant d'oasis qui tirent leurs noms des rares sources qui les alimentent (les fonts).

Le beau visage un peu austère de l'Auvergne se pare, dans le ***massif du Sancy,*** de ces petits bijoux que sont les lacs d'origine glaciaire ou volcanique. Dans un décor semi-alpin, découpé par de profondes vallées où jaillissent des sources thermales (la Bourboule, le Mont-Dore), se blotissent quelques-unes des plus belles églises romanes d'Auvergne.

Vers le sud, le sentier traverse les coulées glaciaires de l'Artense, vieux pays froissé et buriné, balisé par les clochers noirs de villages engourdis mais hospitaliers : Egliseneuve, Condat, Lugarde, Saint-Saturnin. C'est ensuite, entre herbe et ciel, la longue montée sur le plateau du Limon qui culmine à plus de 1 600 m d'altitude. Les robes acajou des vaches de Salers animent de tons bruns ce paysage abstrait.

Les ***monts du Cantal*** se différencient de leurs voisins, les Monts Dore, par leur plus grande superficie (2 700 km² contre 600 km²). Ils constituent en fait les ruines démantelées par l'érosion glaciaire d'un très ancien volcan de 70 km de diamètre. Bien que paré de belles forêts, le massif du Cantal est aussi déboisé que son voisin le Sancy : rien ne gêne donc le regard quand on contemple le paysage du haut des crêtes rayonnantes. A quelque distance, ces crêtes s'élargissent et laissent place à des plateaux triangulaires. Voici la planèze de Saint-Flour, autrefois l'une des bonnes terres à céréales d'Auvergne. Voilà enfin Saint-Flour, dont la silhouette hautaine et noire évoque pour plus d'un touriste la figure caractéristique de l'Auvergne.

I G N
Carte n°2330
AUBUSSON
A
B
GR4
GR46
St-Pardoux-le-Neuf
le Néoux
Moutier-Rozeille
St-Avit-de-
St-Hilaire
Larbre
la Clide
Rozeille
Peyrat
Chaussidoux
Vieillasfonds
Puyboube
Bois de Randonnat
Randonnat
Bois de la Noneix
la Noneix
la Noneix Vieille
Quioudeneix
la Villatte
St-Rapt
Chirat
Prondessagne
Méanas
Margouleix
Vervialle
Vialeix
Bajossier
le Bost
les Vergnes
la Croix de la Vedrenne
Bareix
Epsat
la Vedrenne
le Martineix
le Bacaud
Chez Ruchon
la Chaumette
Lunaud
Talafeix
le Meysounioux
la Feuillie
la Vergne
le Pré Cantrez
la Seiglière
la Grave
le Bignat
le Montrobert
Briffoullière
Laschamps
la Borde
l'Etang Roux
la Chassagne
le Mazeaublanc
la Mazière
la Chézotte
le Breuil
Bussière
la Planche
Lagondeix
le Martineix
Nalèche
le Moulin de Nalèche
le Gouret
la Prade
le Moulin de Bourdessoule
Bordessoule
Bois de la Morange
les Bruyères
Forest
les Grands Bois
la Côte Ribière
Croix Blanche
le Marchedieu
le Mont
St-Nicolas
Rebeyrette
les Redondets
le Moulin de Botte
le Thym
Confolent
les Combes
le Bost
Mémanges
la Combe Roche
Bellevue
le Theil
la Langogne
Montmaud
le Moulin de Teiteix
Teiteix
Chaumeix
Tardes
Sidoux
la Font la Vialle
Chez Sandillon
Chez Bardy
le Poirier
Montsalard
Chemin de César
Anc. voie romaine
Puy de Rozeille
Puy Chauveroux
Puy Dumazeau
Puy Combas
Puy de Méanas
Puy d'Arfeuille
Puy de Naudeu
Bois de Besse
le Mont Velu
les Grenouilles
la Croix des Vergnes
le Pré de l'Etang
le Lavandier
Pont Céleris
Aire de repos
D 990
D 941
D 982
D 18
D 19
D 40
D 80
D 80a
D 38
D 23
D 21a

L'itinéraire

Aubusson (436 m)

Située à l'extrémité de la montagne limousine, loin des grands axes routiers, encaissée dans la vallée de la Creuse, la ville n'est pas propice à une forte expansion.

Bien qu'ayant plus d'emplois industriels que Guéret, Aubusson n'est que la deuxième ville du département de la Creuse.

Ancienne capitale d'un vicomte au Moyen Age, la ville fut prospère à cette époque, les ruines de son château qui dominent la vieille cité avec de belles maisons sont des témoins de cette histoire.

De nouvelles activités se sont jointes aujourd'hui à la très célèbre industrie de la tapisserie. On peut d'ailleurs visiter de magnifiques expositions de tapisseries récentes ou anciennes. Centre culturel et artistique Jean-Lurçat.

Hôtels, auberge de jeunesse, restaurants, ravitaillement, camping. Gare SNCF, gare routière, syndicat d'initiative

Le GR 4 et le GR 46 ont un parcours commun jusqu'à Néoux.

Quitter Aubusson par le D 982 (route de Felletin). 500 m après la sortie de la ville, juste avant le terrain de camping, prendre à gauche au carrefour et immédiatement à droite le sentier qui monte (pratiquement en prolongement de la route de sortie d'Aubusson). *(Départ du circuit PR du Pont des Chèvres).*

Au débouché sur le D 21, prendre cette route à droite et la descendre sur 200 m pour atteindre le chemin qui monte sur la gauche. Traverser le petit village de Rozeille pour rejoindre le D 18. Prendre à gauche sur 2 km environ.

Sur la droite, au niveau du « banc des touristes », un sentier étroit de 50 m à travers les broussailles permet d'atteindre un promontoire rocheux d'où l'on découvre la vallée avec, au fond, la Rozeille écumante qui se fraie un passage parmi les rochers où se cachent les truites qui font la renommée de la région.

A la jonction des D 18 et 19, continuer le D 18 à droite sur une centaine de mètres et prendre le sentier à gauche après le pont. Laisser un sentier à gauche puis un autre à droite pour déboucher sur une petite route communale. La prendre vers la droite pour atteindre ***Saint-Pardoux-le-Neuf.*** Passer devant l'église et, au carrefour, prendre à droite sur quelques mètres, puis à gauche un chemin qui, 100 m plus loin, rejoint le D 80. Emprunter à droite. puis à gauche la route de Mazaublanc. Traverser ce village et prendre le chemin à droite. Au hameau de la Mazière, contourner à droite une zone humide et poursuivre en face *(calvaire),* puis atteindre un large chemin empierré que l'on suit vers la droite jusqu'à

11 km - 3 h 20 - Néoux (590 m) - **Repère B** -

Café, camping.

Point de séparation du GR 46 qui, au nord, se dirige vers Evaux-les-Bains.

Néoux
B
Chézotte
Mémanges
St-Avit-de-Tardes
Montmaud
le Moulin de Teiteix
Teiteix
Anc. voie romaine
la Combe Roche
la Salle
le Moulin de chez Tavelle
Puy Vieux
Caugoussat
Rebeirix
la Montagne
Monteix
le Vert
Cogalant
Chireix
Seouve
Engaudeix
la Prade
Puy de la Prade
Tordeix
la Taverne
Lacaux
Londeix
Chaussadisse
les Vergnes
Charemblas
Lavaud Dentale
Lavaud Promis
Bussière
Cherbouquet
Chalusset
Puy Chasside
la Celle
la Marche
Puy de la Marche
le Mazendreau
Puy de Rougnat
Naleichard
le Banneix
le Mounex
le Mouneix
Rougnat
Prabeaud
le Moulin de Tardette
Puy Barraud
les Bussi
les Gorces
Grande Vergne
les Farges
le Montely
Chermartin
Trimoulinette
Puy de Chaudaire
la Dessagne
Trimouline
Bingelet
les Combes
la Chaussade
Puy Lagarde
le Bouchaud
chez Canard
Puy Mau
St-Pardoux-d'Arnet
les Fougères
Lavaud Bouyard
chez Pilat
Arnet
Villedéserte
Longevialle
St-Maurice-près-Crocq
Villevaleix
Puy de Bargeroux
le Theilloux
Crocq
les Granges Banelles
GR 4
GR4
Pardanaud
Chambragne
Pierre Grosse
le Bézut
Fontrède
Senimont
Senimontel
le Pradeau
le Pigerolle
le Croizet
les Salles
les Briaumes
la Roche-Chirat
Pontcharraud
Miomandre
I G N
Carte n° 2330
2331
D 38
D 40
D 25
D 9
D 941
D 10
D 18
D 80

Après l'église de ***Néoux,*** le GR prend à droite sur quelques mètres, puis à gauche le D 38 ; 500 m plus loin, à une vieille croix de bois, quitter la route dans le virage et s'engager sur le chemin en face. Le suivre sur 100 m, puis prendre légèrement à droite dans un champ, le long de la limite droite, sur 100 m : on retrouve le chemin qui, presque aussitôt coupe le D 38. Traverser et prendre le chemin en face, ancienne voie romaine. Atteindre la ferme de la Prade. Continuer tout droit. Après une maison isolée, obliquer à gauche, continuer tout droit sur une petite route jusqu'à une croix de fer. Prendre le chemin à gauche et traverser l'extrémité du village de ***Londeix*** en laissant un chemin sur la droite. Descendre dans le fond de la vallée et tourner à angle droit sur la gauche. Tourner encore à gauche dans un bon chemin. On atteint ainsi un embranchement de chemins. Prendre celui qui monte carrément à droite, en épingle à cheveux. Après les champs, on emprunte parmi les taillis et les sapins le « chemin de César » en direction du sud-est. Après Puy-Lagarde, on gagne, par une route, le village de

9 km - 2 h 30 - Saint-Pardoux-d'Arnet (676 m)

Buvette.

Le GR passe devant l'église de ***Saint-Pardoux,*** puis il prend à droite le D 25. Emprunter ensuite le D 10 sur 600 m, puis, dans un virage, prendre un chemin sur la gauche (sud-est, puis est). On chemine au pied du Puy de la Morde, d'où l'on descend. Passer sur la digue d'un petit étang : rejoindre le D 10 et prendre à gauche vers

4 km - 1 h 10 - Crocq (770 m) - Repère C -

Hôtels, restaurants, cafés, ravitaillement. Camping au stade. Gîte d'étape. Départ de nombreux circuits PR (carte-guide du secteur en vente sur place).

Pour certains, Crocq dérive de Crocus, roi des Vandales, qui ravagea l'Auvergne en 256. Mais il est plus probable que cette cité doive son nom au fait qu'elle se trouve située sur une hauteur, un crocq selon la signification du terme en certaines régions.

Aujourd'hui, deux tours dominent le petit bourg dans un site pittoresque chargé d'histoire. Elles seules ont résisté aux outrages du temps qui ont détruit la forteresse construite en 1190 par Robert Ier dauphin d'Auvergne. Elle protégeait alors un village établi sur le versant nord de la colline « Crouville ». Cette cité fut totalement anéantie en 1357 par les troupes du prince de Galles, Arnaud d'Albret après un siège de 18 mois. Le château résista et l'on rebâtit Crocq sur le versant nord. Une nouvelle enceinte fut édifiée, doublée de fossés.

Quatre portes donnaient accès à la ville : au nord la porte Bardelle, au sud la porte Rozier, au sud-ouest la porte Grande, et à l'ouest la Portette. Pour ces travaux énormes, Charles VII vers 1426 dispensera la nouvelle cité de tout impôt pendant huit ans.

On trouve encore dans le vieux Crocq quelques pans de mur de ces imposantes fortifications. Chaque année, le 1er dimanche de juillet la vierge en carton bouilli (VIIIe siècle) de la Chapelle de la Visitation (XIIe siècle, restaurée au XVe) est portée en pélerinage sur le chemin de ronde des anciens remparts, avec ses maisons anciennes aux cheminées du XVIe siècle.

Dans l'église, on peut visiter le tryptique (peinture sur bois du XVe siècle, retraçant la vie de saint Eloi). Voir également : la chapelle et sa lanterne des morts, ainsi que l'écomusée en cours d'aménagement.

La Combraille ou les Combrailles

La Combraille est un vaste plateau réduit à l'état de pénéplaine par l'érosion, puis soulevé à ses altitudes actuelles. Son « substratum » (socle) est composé de roches anciennes qui datent de l'ère primaire.

Ce plateau occupe l'ouest du département du Puy-de-Dôme. Il s'étire au nord jusqu'au Bourbonnais.

Un accident géologique très important, d'orientation sud-nord, traverse toute cette région ; c'est le fameux sillon houiller sur lequel se sont développées les mines du bassin de Messeix et de Saint-Eloy-les-Mines. La première est aujourd'hui menacée, quant à la seconde, elle n'est plus exploitée.

Le GR 4 coupe cet ancien sillon à la hauteur du Sioulet, à l'est de Condat-en-Combraille. De nombreux alignements volcaniques très anciens jalonnent ainsi d'autres grandes ruptures du socle ; mais ce sont les profondes entailles du réseau hydrographique qui constituent essentiellement le relief de ce pays.

C'est un pays de semi-bocage où l'eau et le bois prédominent. En effet, bois et boqueteaux séparent de nombreuses parcelles cultivées ainsi que des prairies. Des étangs de toute taille parsèment ce pays, la plupart sont artificiels.

Le tracé du GR 4 permet d'en côtoyer un grand nombre notamment entre Crocq et Condat-en-Combraille.

Parmi les plus grands, le randonneur pourra voir celui de Tyx.

Le pays de Combraille formait autrefois une grande seigneurie, baronnie depuis le XIIIe siècle, comprenant cinq châtellenies qui, toutes, se situaient hors de l'actuel département du Puy-de-Dôme. Celle d'Evaux-les-Bains en était la capitale.

Le Franc Alleu où l'on ne payait ni charges seigneuriales, ni droits de mutation en cas de vente, se situait encore plus à l'ouest avec Bellegarde-en-Marche pour capitale. Mais le pays des Brayauds de Combrailles comprenait toute la partie du département située au nord-ouest de la Sioule et du Sioulet.

L'avifaune des Combrailles

Par la diversité de ses biotopes — zones humides, forêts, landes, prairies, cultures, friches — l'avifaune de cette région est très variée. On pourrait y rencontrer près de cent espèces durant toute l'année, une grande partie étant sédentaire. C'est avant tout une avifaune de bocage, et la présence de nombreux étangs permet à certaines espèces de nicher ou de s'arrêter lors des migrations. On peut y voir le Grèbe Huppé, rare en France et non représenté dans le reste du département. Les principales espèces que l'on peut rencontrer sont le Foulque, le Grèbe Castagneux, le Rale, la Poule d'Eau, la Sarcelle d'Hiver, et les Canards, dont le Colvert.

jeune colvert

Les espèces végétales

Dans la traversée de la Combraille, on remarquera de nombreuses espèces végétales. Aux abords des zones humides caractéristiques de cette région, on observera en particulier : la populage ou souci d'eau, la benoîte des ruisseaux, la reine des prés, l'angélique sylvestre... mais aussi des espèces particulières aux landes tourbeuses et aux tourbières qui présentent des biotopes très intéressants, on pourra alors voir le menyandre ou trêfle d'eau, le comaret ou potentille des marais, les carex, la drosera ou, encore plus rare, le narthecium ossifrage, le mouron ou le scutellaire mineur.

Pour les arbres et les arbustes, les principales espèces qui peuplent la Combraille sont :

— le hêtre ou fayard dont on rencontrera de magnifiques sujets souvent isolés

— le pin sylvestre, l'arbre des terres pauvres et des climats durs

— le frêne regroupé autour des fermes ou aux abords des hameaux, il forme également de nombreuses haies en bordure des chemins ou entre les parcelles. Ses rameaux peuvent servir de fourrage aux vaches et, lors de la sécheresse de l'été 1985, on a vu un peu partout dans le Massif Central, les paysans les émonder pour remplacer l'herbe desséchée des pacages et éviter de puiser trop tôt dans les réserves de foin ou d'ensilage stockés pour l'hiver

— l'aulne, qui se complaît aux abords des ruisseaux ou dans les terrains marécageux

— le bouleau que l'on peut trouver aussi bien en peuplement très dense ou au contraire comme sujet colonisateur de terrains désertés

— pour les arbustes, les espèces rencontrées couramment sont : le genêt à balai, le genévrier, la callune...

Sur la flore d'Auvergne, nous conseillons aux amateurs les ouvrages suivants :

- *fleurs d'Auvergne d'E. Grenier et Ch. le Minor - Editions SAEP*
- *le petit guide de poche de P. Rozier sur les fleurs sauvages du Sancy.*

Genévrier

Bouleau

IGN
Carte n° 2331
GR4
PR
Hors GR
D
Crocq
St-Oradoux-près-Crocq
Basville
le Mont
la Bonette
les Combes
le Point du Jour
Tatarde
le Moulin de Basville
les Chaumettes
le Chez
le Chalard
Puy des Fourches
la Mazière-aux-Bons-Hommes
les Vergnes
le Cherbaudy
Pindogne
les Huillards
Puy de chez Furot
Lavaudemergue
le Rocher Chât.
Puy Chauvet
Puy de Peyvis
les Chassagnettes
les Chassagnes
le Montely
Chermartin
chez Pilat
les Granges Ménadon
les Bourgnons
Puy Desgeorges
la Mazerette
Lavat
Puy Senimont
Chaussée
Peire Levade
Bois d'Urbe
Dimpoux
St-Alvard
Pompignaguet
Pompignat
la Mazière aux Picauds
Beaume
Laudeux-Couturier
Laudeux-Piatoux
Laudeux
Suc de Rabis
les Farges
Puy la Chaume
le Layrit
Larfeuille
Chalus
la Croix des Chabrolles
Saugère
Croix de la Bataille
la Rebeyrolle
Neuvialle
la Saudade
Sertillanges
le Montmerle
les Bruyères
la Croix
Létrade
Gare
Marlan
le Vieux Voisin
le Condofeix
Veychard
Chaupeyre
Solignat
la Celle
le Moulin des Egraveix
Parsanges
Chaludet
l'Ecloze
D 996
D 10
D 28
D 27
D 95
D 95 E
D 9

Quitter le bourg par la Grand'Rue et, peu après le château, emprunter la rue qui descend sur la gauche. La suivre sur environ 150 m et emprunter un sentier sur la droite. Traverser ensuite le D 10 et prendre en face le chemin en forte pente ; il se poursuit tantôt en sous-bois, tantôt à travers champs, passe près de la ferme de La Mazerette et longe plus loin un cimetière en arrivant à

3 km - 45 mn - Saint-Alvard (740 m)

hors GR : dolmen de Dimpoux, à 1 km au Sud-Ouest.

Près de l'église de ***Saint-Alvard***, à l'angle d'une grande maison, le GR 4 descend par un chemin creux en sous-bois, puis, par une route, il gagne Pompignaguet. Traverser ce hameau, continuer à l'est vers Pompignat, puis, au carrefour suivant, prendre le chemin à gauche.

A ce carrefour, le GR 4 prend un chemin à droite (sud-est). Après un étang, suivre à gauche une route direction nord. Avant la digue de l'***Etang Neuf,*** s'engager à droite sur un large chemin gravillonné; 100 m plus loin, jonction avec un sentier PR jaune. Le GR 4 emprunte à gauche une piste forestière jusqu'à l'***étang du Moulin*** dont on suit la digue; 300 m plus loin, quitter la piste forestière pour un large chemin herbeux sur la droite.

Après le bosquet de sapins et un passage entre deux barbelés, tourner à droite et suivre par une très mauvaise trace la lisière de bois direction sud-est. Déboucher sur une patte d'oie. Laisser un premier chemin, descendre à droite pour prendre le second à droite.

250 m plus loin, à la fourche, prendre à gauche le large chemin sous bois, passer la maison forestière et traverser le hameau de ***Saugère***, puis dans le grand virage, emprunter à droite le chemin qui descend sur l'étang de Vernet, dont on longe la digue. A la fourche, continuer tout droit pour grimper raide dans les bois. Au sommet de la côte *(croix en fer avec inscriptions funéraires)*, poursuivre en bordure de champ.

Rejoindre un grand chemin empierré que l'on suit tout droit (sur la gauche) jusqu'à

8 km - 2 h - La Celle (700 m) - **Repère D** -

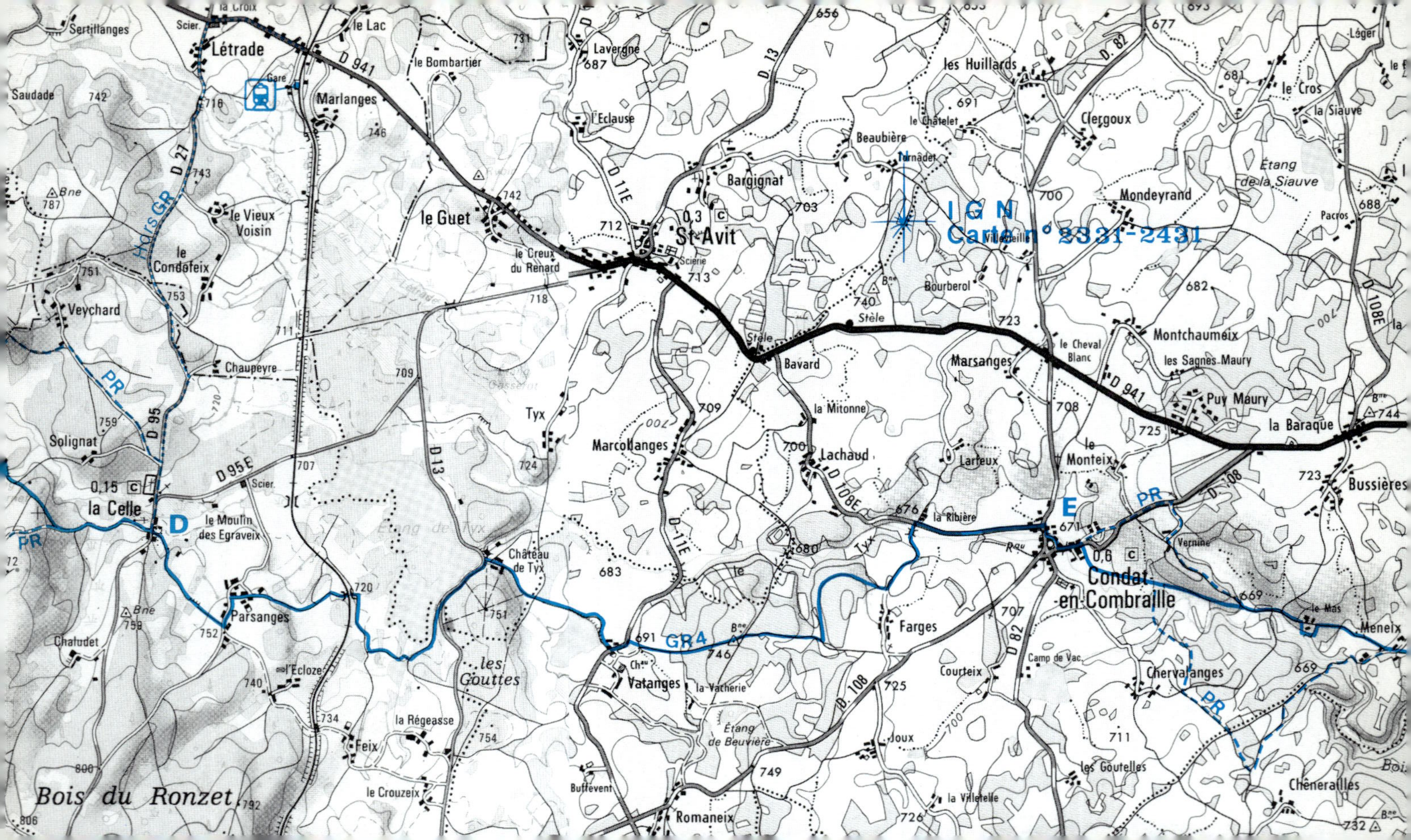

IGN
Carte n° 2331-2431
Condat-en-Combraille
St-Avit
Létrade
la Celle
Bois du Ronzet
GR 4
Hors GR
PR
D 941
D 13
D 11E
D 108E
D 95E
D 95
D 27
D 82
D 108
Gare
le Guet
Marlanges
le Lac
le Bombartier
le Creux du Renard
Tyx
Château de Tyx
les Gouttes
Marcollanges
Vatanges
la Vacherie
Étang de Beuvière
Romaneix
Buffevent
la Régeasse
Feix
le Crouzeix
l'Écloze
Parsanges
le Moulin des Egraveix
Chaupeyre
le Vieux Voisin
le Condofeix
Veychard
Solignat
Chaludet
Sertillanges
Saudade
Lavergne
l'Eclause
Bargignat
Beaubière
le Châtelet
Turnadet
les Huillards
Clergoux
Mondeyrand
Montchaumeix
les Sagnes-Maury
Puy Maury
la Baraque
Bussières
Meneix
le Mas
Vernine
Chéneralles
Chervalanges
les Goutelles
le Monteix
le Cheval Blanc
Marsanges
Larfeux
la Ribière
Lachaud
la Mitonne
Bavard
Bourberol
Farges
Courteix
Joux
la Villetelle
Camp de Vac.
Étang de la Siauve
la Siauve
le Cros
Léger
Pacros
Stèle
D
E

La Celle *(700 m)* **- Repère D -**

Eglise romane reconstruite au XVIIe siècle et croix en pierre.

hors GR : 1 h 15 - Létrade

Hôtel, restaurant. Gare SNCF

Emprunter vers le nord la route D 95.

Le GR 4 traverse le D 95 et prend une route le long de l'église de ***la Celle*** ; 200 m après la sortie de ce hameau, s'engager à droite sur un chemin en terrain dégagé. A la fourche, suivre à gauche le chemin qui descend et longe l'étang de Rondeau. A Parsanges, emprunter la route à gauche et, au carrefour, à droite. A la croix, poursuivre en face. Passer sous le pont de la voie ferrée Montluçon-Ussel et tourner à droite. Arrivé au bord d'un étang, bifurquer à gauche, dépasser des étangs situés sur la droite, puis se diriger à gauche (nord-est) pour longer l'***étang de Tyx***. Suivre la route D 13.

A la hauteur du château de Tyx, prendre un chemin à droite puis à nouveau à droite après les bâtiments, continuer tout droit, longer l'étang de Vatanges par le nord. A hauteur du hameau de ***Vatanges***, emprunter le D 11 E sur la gauche ; 200 m plus loin, à l'angle d'une grande mare, s'engager sur un large chemin empierré que l'on suit vers l'est. Au carrefour (cote 746), continuer toujours tout droit par une allée forestière puis sur un sentier qui descend en lisière de forêt, le long d'un pré clôturé.

Remonter légèrement et, à l'angle d'un autre pré, suivre à gauche un chemin en sous-bois en effectuant une grande courbe vers l'est sur 1 km jusqu'au point de rencontre avec un chemin, au nord du hameau de Farges. Le GR 4 descend à gauche. Traverser le Tyx et déboucher sur le D 108 E, au niveau du hameau de la Ribière. Suivre cette route à droite jusqu'à

10 km - 2 h 30 - Condat-en-Combraille *(671 m)* **- Repère E -**

Restaurant, café, ravitaillement, Relais d'étape. Camping à Puy-Maury à 1,5 km au nord-est sur le D 941.

Le mot Combraille dérive de l'ancien français combre qui signifie barrage ou confluent (de la même famille : « encombrer »). Combre provient du gaulois comboro, lui-même d'origine pré-celtique condate qui a donné condat, à proprement parler « rencontre » (Condat-en-Combraille serait donc une tautologie toponymique).

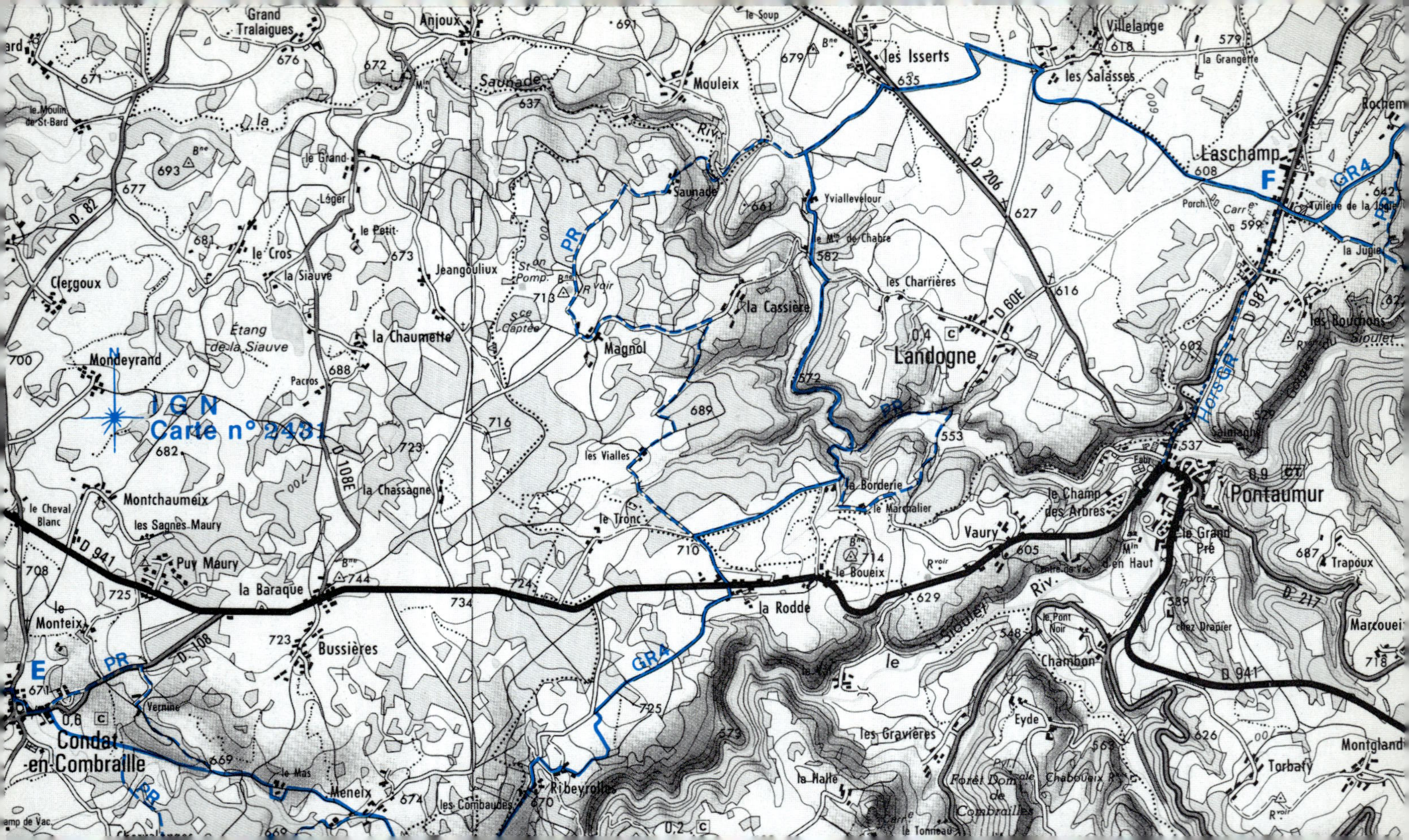
IGN
Carte n° 2431
N
Pontaumur
Landogne
Laschamp
Condat-en-Combraille
les Isserts
les Salasses
Villelange
la Grangette
Mouleix
Saunade
Anjoux
Grand Traligues
Clergoux
Mondeyrand
Montchaumeix
les Sagnes-Maury
Puy Maury
la Baraque
Bussières
la Chaumette
Jeangouliux
le Cros
la Siauve
Étang de la Siauve
Magnol
la Cassière
Yviallevelour
les Charrières
la Borderie
le Marchalier
Vaury
le Champ des Arbres
le Grand Pré
le Boueix
la Rodde
le Tronc
les Vialles
les Gravières
la Halle
Eyde
Chambon
Ribeyrolles
les Combaudes
Meneix
Vernine
le Monteix
le Cheval Blanc
Torbaty
Montgland
Trapoux
Marcouei
les Bouchons
la Jugie
Tuilerie de la Jugie
Salmagne
chez Drapier
Forêt Dom.le de Combrailles
D 941
D 206
D 60E
D 108E
D 108
D 82
D 987
D 217
GR4
GR4
PR
PR
Hors GR
E
F

A la sortie est de ***Condat*** *(direction Pontaumur)*, après le ruisseau du Tyx, le GR 4 prend à droite, juste après la mairie, un large chemin empierré toujours tout droit jusqu'à un fond de vallon sauvage *(jonction avec le PR balisé en bleu)*. Poursuivre par le manoir du Mas jusqu'au hameau de Meneix *(où le PR tourne à droite)*. Là, prendre à gauche sur 100 m. A la hauteur d'une croix en fer forgé, s'engager à droite sur un chemin empierré que l'on suit jusqu'au hameau des Combaudes que l'on traverse tout droit. Avant une montée, prendre un chemin empierré à droite et 200 m plus loin à gauche pour arriver à ***Ribeyrolles***. Le GR s'engage sur un chemin entre deux murets de pierre et, après un abreuvoir, prend à gauche ; 200 m plus loin, quitter le chemin pour une trace mal définie qui aboutit à un chemin entre des fils barbelés : la suivre jusqu'à une route. Ne pas s'engager sur celle-ci, mais suivre à droite un chemin (nord-est) menant sur le D 941 au hameau de

7,5 km - 2 h - la Rodde (704 m)

Au lieu dit ***la Rodde,*** le GR traverse le D 941. Au carrefour, à la croix blanche, 500 m plus loin, prendre à droite un chemin qui descend sur la Borderie *(vue sur la chaîne des Puys, le puy et le hameau de Boueix, la Combraille)*. A la Borderie, emprunter la route sur 100 m. Dans le premier virage, prendre sur la gauche un chemin creux qui descend raide en sous-bois et qui, après plusieurs lacets, traverse la Saunade, sur une passerelle en bois. Tourner à gauche et longer la Saunade, en lisière de bois, sur 1,5 km. A la fourche, prendre à gauche le chemin creux, en contrebas de la route. Rejoindre la route que l'on suit sur 100 m à gauche jusqu'au moulin de Chabre. A l'angle du moulin, monter par le chemin goudronné, puis empierré jusqu'au hameau de ***Viallevelour*** *(maisons et manoirs anciens)*.

Suivre la route. A la patte d'oie, emprunter le deuxième chemin à partir de la droite qui mène au lieu dit les Isserts. On longe un hangar, on traverse le D 206 pour suivre en face un chemin en plateau. A la croisée, à l'angle d'un petit bois de pins, prendre à droite direction sud-est un chemin empierré jusqu'au hameau des ***Salasses.***

Au carrefour, à la croix, emprunter la route à droite sur 250 m. Passer une petite mare et de suite après une maison récente, prendre à gauche un large chemin empierré que l'on suit toujours tout droit sur 1,5 km à travers champs, jusqu'à une petite route. Prendre à gauche pour rejoindre, au carrefour de la route D 987, le hameau de

10 km - 2 h 30 - Laschamp (590 m) - **Repère F** -

Café. Tuilerie de la Jugie.

hors GR : 30 mn - Pontaumur

Hôtels, restaurants, cafés, tous commerces, camping

Juste après le D 987, prendre vers le sud un chemin parallèle jusqu'aux Bouchons, suivre la route sur 150 m et prendre un autre chemin parallèle jusqu'au pont sur le Moulet, à l'entrée de Pontaumur.

IGN
Carte n° 2430
2431
Miremont
St-Jacques d'Ambur
Confolant
Village-Vacances
Retenue
Laschamp
Pontaumur
Montfermy
Tingaud
Tournobert
Gregottier
Rochemaud
Cornet
Martinèche
la Corrède
Puy Maladroit
FORÊT DOM DE LA CHARTREUSE
Roche-Vieille
le Veyrial
la Barre
les Isserts
Boisse
la Chazotte
les Berthons
les Chaumes
la Pêche
Andan
la Chartreuse
Toux
Bordessoule
Dioux
la Salesse
les Merciers
la Prugne
Siouler
l'Arboûlerie
les Deveix
Bonnefond
le Biot
les Chazots
Côte-Faite
Banlaud
les Bouchons
la Jugie
Brousse
Mallet
la Suchère
la Peyrière
la Grangette
Mayoux
GR4
GR41
GR460
PR
D. 19
D. 121
D. 61
D. 987

A ***Laschamp,*** le GR 4 emprunte la route longeant la ***Tuilerie de la Jugie.***

A la fourche, après la Tuilerie, on laisse en face (est) le GR 460 vers Montfermy (voir tracé en tiretés sur la carte).

A cette fourche, le GR 4 prend (nord-est) la route de gauche *(vue sur la vallée du Sioulet et le château de la Rochette).* On laisse sur la gauche le hameau de la Rochemaud en continuant sur le goudron ; dans un virage, poursuivre en face sur un chemin de terre ; 250 m après les Planeaux, au grand carrefour dans les bois, tourner à gauche ; 100 m plus loin, à la fourche, prendre le chemin du milieu puis, plus bas, rester sur la droite pour descendre à la route D 121.

On laisse à gauche le GR 41 vers Evaux.

Le GR emprunte le D 121 à droite pour traverser

3,5 km - 50 mn - ***Miremont*** *(532 m)*

Café, restaurant, épicerie, dépôt de pain, camping.

hors GR : 15 mn - Site de Miremont

Un château fort situé sur une éminence fut érigé au XIIe siècle. Reconstruit et restauré au début du XVIe siècle, il avait cinq tours, dont il ne reste que quelques ruines. L'église romane située sur la hauteur à côté des ruines abrite un panneau sculpté en noyer qui proviendrait de la Chartreuse de Port Sainte-Marie.

A la sortie du village, ne pas franchir le Sioulet, mais prendre vers l'est une petite route qui monte raide au site de Miremont.

Le GR franchit le Sioulet sur un pont et suit le D 121 sur 1 km. Après un petit pont, poursuivre sur le bitume par des lacets puis bifurquer sur un chemin à gauche en sous-bois jusqu'au hameau de Boisse. Là, emprunter la route jusqu'au D 121 *(vue sur la retenue d'eau des Fades-Besserves).*

Descendre immédiatement à gauche par un chemin creux. Le GR ne pénètre pas dans le hameau des ***Isserts***, mais il descend le chemin empierré longeant des maisons. A la première patte d'oie, descendre à gauche. A une fourche, en sous-bois, prendre à droite un large chemin montant jusqu'au D 121. Emprunter cette route à gauche vers le nord puis prendre la direction du ***camping de la Chazotte*** ; devant l'entrée du camping, se diriger à gauche et s'engager à droite sur une sente peu visible montant sous bois ; 200 m plus loin, poursuivre la montée par un large chemin (sud-est, puis nord-est). On rencontre ensuite un chemin empierré.

Retenue des Fades-Besserves

Après Miremont le GR 4 va côtoyer les abords de la retenue des Fades-Besserves dont le barrage a été construit de 1963 à 1968. C'est le plus grand lac de barrage du département du Puy-de-Dôme — 70 millions de m^3 — avec 390 ha. La Sioule et le Sioulet qui confluent entre Miremont et le Pont du Bouchet alimentent ce grand plan d'eau où de nombreuses activités touristiques et sportives sont pratiquées.

Commune des Ancizes Comps
les Ancizes
les Jarasses
la Brousse
la Feuillade
Grelières
les Bruyères
Gare
le Boucheix
la Croix Mallet
les Cerisiers
Tournobert
PR
Farges
Roche Rouge
le Soulier
les Chaumes
la Pèche
Andan
Forêt dom. de la Chartreuse
la Chartreuse
Montavert
IGN
Carte n° 2430
2431
Bois de Chirmeaux
les Berthons
l'Etramaille
St Jacques d'Ambur
G
la Serre
Triolet
GR4
FORÊT DOM. DE LA CHARTREUSE
les Angles
chez le Rouge
les Bouchauds
la Garde
les Rioux
Côte-Faite
Sioule
Martinèche
Montfermy
H
la Correde
Coëffe
les Combres
Trimoulet
les Chazots
Puy Maladroit
GR460
Basseyras
Forêt Dom. de Montfermy
la Quarte
Chalusset
le Maleret
Pranal
Bois des Isserts
la Basse
Bois de Lamothe
Vanauze
la Ribeyre
Puy de Moulte
Provenchère
Lamothe

▶ *A 15 mn, à gauche, on peut voir les ruines du château d'Ambur.*

Par ce chemin empierré à droite, le GR gagne

7,5 km - 2 h - **Saint-Jacques-d'Ambur** *(686 m)* **- Repère G -**

Camping.

Le GR passe derrière l'église. Au carrefour, emprunter à droite le D 61 ; 400 m plus loin, obliquer à droite, direction la Serre. Continuer toujours vers l'est ; laisser sur la gauche la maison forestière. Au carrefour, prendre le chemin du milieu qui descend raide à travers la forêt. Couper le D 61 et atteindre

2 km - 30 mn - **la Chartreuse** *(521 m)*

Café.

hors GR : ruines de la chartreuse de Port-Sainte-Marie.

*Aux abords de la rivière, le monastère fut fondé au XIIIe* siècle ; *il avait la forme d'un rectangle avec des tours aux quatre angles. Les chartreux qui l'occupaient sortaient peu ; deux métairies et six étangs étaient leur propriété. Le monastère fut dévasté successivement par les Anglais et des compagnies de brigands. Puis, à la Révolution, les chartreux quittèrent les lieux et les bâtiments furent démantelés. Des fouilles ont été pratiquées ces dernières années et une association de bénévoles a participé à la remise en valeur du site.*

Le GR franchit le pont sur la Sioule, puis, à la hauteur d'un panneau indiquant le hameau de la Chartreuse, il prend à droite un large chemin dominant la Sioule ; 1 km plus loin, laisser à gauche un chemin montant vers les Bouchauds et descendre à droite pour rejoindre un sentier de pêcheurs. Après une forte montée, rejoindre une ligne haute tension ; poursuivre sur la gauche et, de suite à droite, descendre jusqu'en bordure de rivière entre des genêts. Longer la berge. Passer près d'une cascade (déversoir de la Sioule), située sur l'autre rive. Atteindre ensuite la

5,5 km - 1 h 30 - **Route D 121 E** **- Repère H -**

hors GR : 5 mn - Montfermy

La Sioule décrit un méandre très serré se refermant presque sur lui-même, d'où l'étymologie de Montfermy : « mont fermé ». L'église abbatiale romane, construite par les bénédictins d'Ebreuil, contient des fresques restaurées.

Cafés, possibilité de repas. Ravitaillement restreint.

Pour gagner le village, on peut prendre la trace à droite, juste avant la route et monter sur la crête rocheuse (croix) dominant Montfermy. ***Attention !*** *ce passage est délicat : par temps de pluie, les roches sont très glissantes.*

Pour éviter ce passage franchir le pont sur la Sioule, prendre à gauche et au niveau du déversoir à droite. A la patte d'oie, descendre à gauche, traverser le premier pont et gagner le village par des escaliers à gauche.

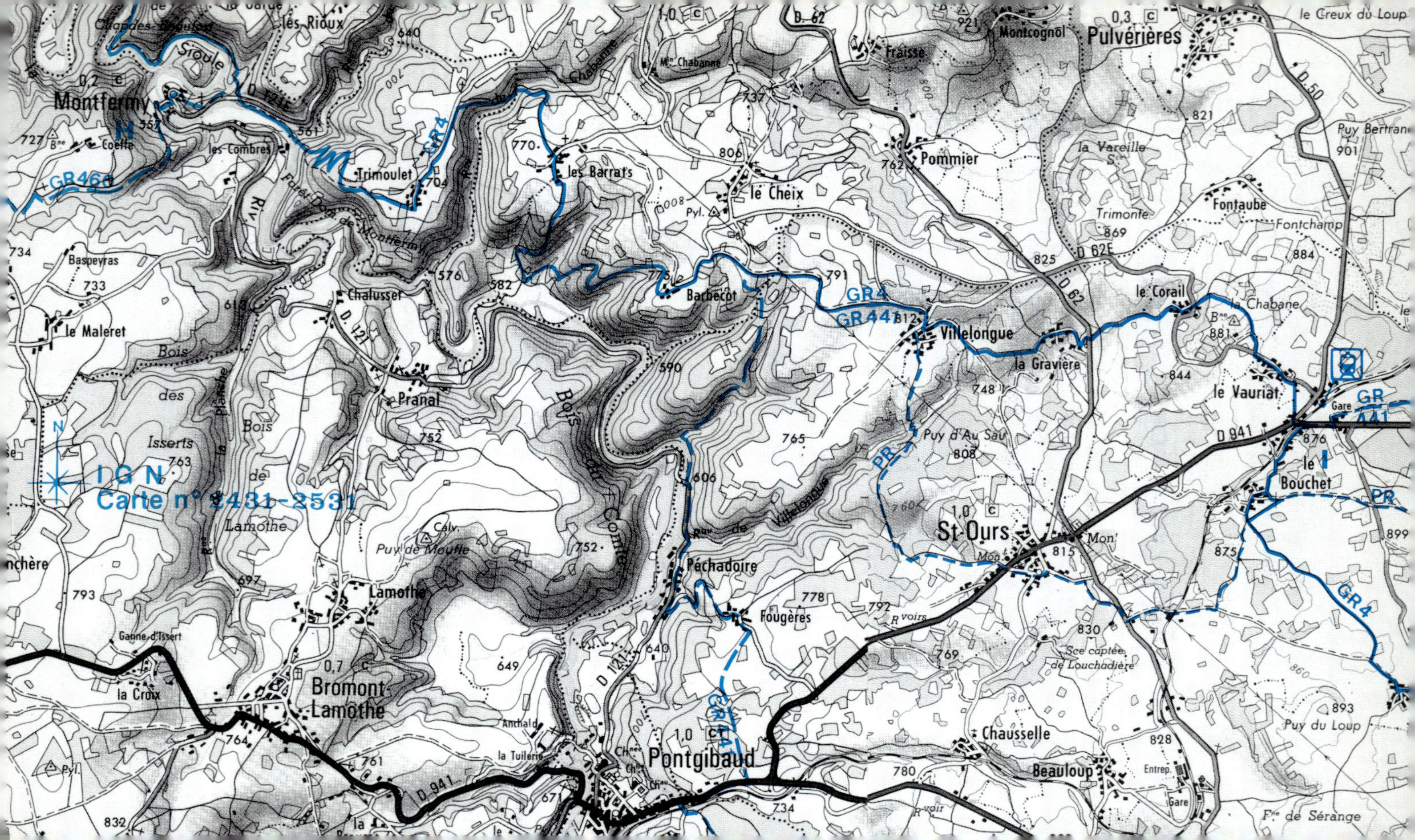
le Creux du Loup
Puy Bertrand
901
D. 50
Pulvérières
Montcognol
Fraisse
D. 62
Mⁱⁿ Chabanne
les Rioux
Sioule
Montfermy
Coëffe
GR 46
les Combres
Trimoulet
GR 4
les Barrats
Pommier
le Cheix
la Vareille
Trimonte
Fontaube
Fontchamp
Forêt Dom. de Montfermy
Baspeyras
le Maleret
Chalusset
D. 121
Barbecot
GR 4
GR 441
Villelongue
la Gravière
le Corail
la Chabane
le Vauriat
Gare
D 941
le Bouchet
PR
Bois des Isserts
Bois de la Planche
Bois de Lamothe
Pranal
Bois du Comte
Puy d'Au Sau
St-Ours
I G N
Carte n° 2431-2531
Puy de Mouthe
Lamothe
Péchadoire
Fougères
Sce captée de Louchadière
Puy du Loup
Gaune d'Issert
la Croix
Bromont-Lamothe
Anchald
la Tuilerie
Pontgibaud
Chausselle
Beauloup
Fⁿᵉ de Sérange

Donc, le GR 4 traverse la route D 121 E ***(repère H sur la carte)*** et prend en face le chemin qui rejoint la Sioule. La suivre sur 500 m ; après un vallon (ruisseau), monter à gauche dans une hêtraie par un large chemin menant au hameau de Trimoulet. Là, se diriger à gauche (nord) par la route ; 1 km plus loin, descendre pour franchir le ruisseau de Chabanne et remonter jusqu'au hameau des ***Barrats.*** Là, prendre à droite et, 100 m plus bas encore à droite un chemin le long d'un muret de pierres sèches *(vue sur les Dômes).* En plusieurs lacets, on descend fortement pour arriver à proximité de la rivière la Sioule.
Le GR prend à gauche un sentier qui franchit un petit ruisseau et devient un large chemin montant fortement ; plus loin, dans une courbe, le quitter pour un sentier sur la droite menant à ***Barbecot***. Là, emprunter la route à gauche, puis, à 250 m, un chemin à droite. On atteint ensuite un carrefour marquant la

7 km - 1 h 50 - ***Jonction avec le GR 441*** *(787 m)*

Le GR 441 se dirige au sud vers Pontgibaud (consulter le topo-guide GR 441 « Tour de la Chaîne des Puys »). Vers l'est, les GR 4 et GR 441 ont un parcours commun.

Les GR 4 et GR 441 poursuivent vers l'est sur un chemin qui coupe plusieurs fois la ligne à haute tension pour atteindre

1,5 km - 20 mn - ***Villelongue*** *(812 m)*

hors GR : 40 mn - Saint-Ours-les-Roches (787 m)

Restaurant, cafés, ravitaillement, camping.

Dans Villelongue, suivre le PR balisé en jaune. De Saint-Ours, on peut rejoindre le GR 4 à l'entrée du hameau du ***Bouchet*** ***(voir tracé en tiretés sur la carte).***

Dans ***Villelongue***, le GR 4 prend un large chemin vers l'est ; 400 m plus loin, le quitter pour tourner à gauche et gagner le hameau de la Gravière. Après celui-ci, couper une bretelle du D 62, puis le D 62. Continuer en face. A la bifurcation, prendre deux fois à droite. En arrivant au Corail, tourner à gauche, puis à la sortie du hameau, traverser le D 576 et emprunter un chemin en face. 100 m plus loin, quitter ce chemin pour suivre sur la droite une trace moins marquée. On débouche sur le D 576 : le suivre sur la gauche pour atteindre le vieux village du Vauriat. A la sortie de celui-ci, s'engager à droite sur un chemin qui rejoint le D 941 à hauteur de la voie de chemin de fer.

4 km - 1 h - ***le Vauriat*** *(876 m)* **- Repère I -**

Café - casse-croûte. Restaurant fermé le week-end. Relais (gîte).
Gare SNCF, ligne Clermont - Brive.

Les principaux types de volcans

Les quatre types volcaniques élémentaires que l'on rencontre le plus fréquemment en Auvergne sont le cône strombolien, le dôme, l'aiguille et le maar. Les éruptions à laves très fluides, comme on observe aux îles Hawaï ne semblent pas avoir joué un rôle notable. Par contre des explosions paroxysmales, comparables à celle de la vallée des 10 000 fumées (Alaska, 1912) ont été fréquentes dans le Cantal et les Monts Dores les points d'émission ne sont plus reconnaissables, mais les dépôts résultants sont abondants (nappes de ponces de Rochefort-Montagne par exemple).

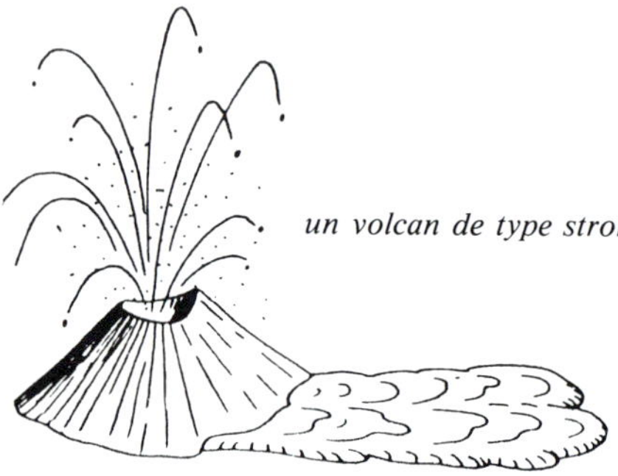

un volcan de type strombolien

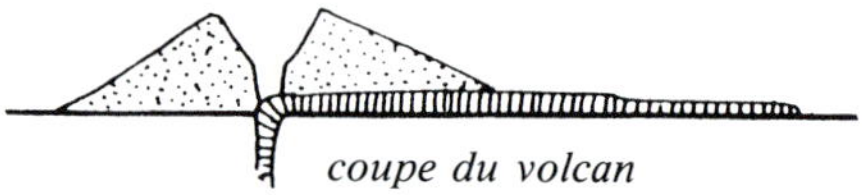

coupe du volcan

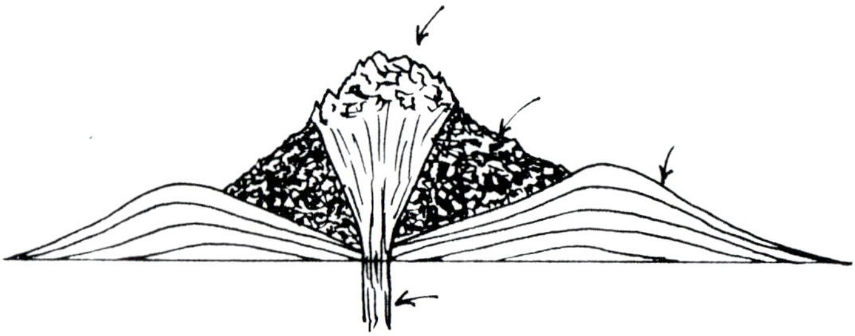

coupe d'un dôme péléen typique

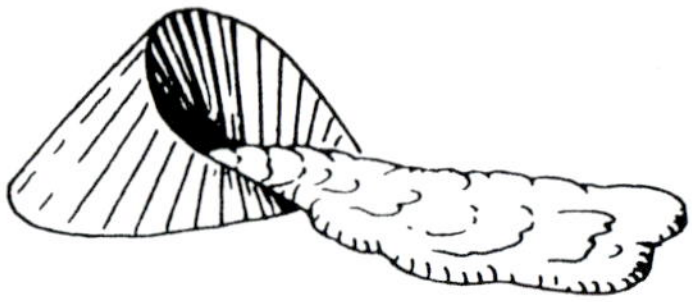

cratère égueulé
(puys de la Vache et de Lassolas)

cratères emboîtés
(puy de Côme, puy Pariou)

La chaîne des Puys

A proximité de Clermont-Ferrand se dresse une des plus belles régions volcaniques qui soit. Sur une vingtaine de kilomètres, du nord au sud, strictement alignés se juxtaposent quelque soixante-dix puys volcaniques. Etrange horizon, crénelé, fait de bosses accolées et de formes très pures. Etrange géométrie de collines lunaires, toutes rondes parce que toutes très jeunes. C'est le dernier feu des volcans d'Auvergne. On sait aujourd'hui donner un âge exact aux bois carbonisés par une éruption volcanique : les analyses au « carbone 14 » ont attribué 8 500 ans au puy de Pariou, 7 500 ans au puy de la Vache, etc.

Pour le géologue, ces volcans datent d'hier. Quelques-uns d'entre eux sont des dômes. Lors de l'éruption la lave était visqueuse et aucun cratère n'apparut ; c'est une coupole qui se forma, comme la montagne Pelée de la Martinique. La lave, acide, est souvent blanchâtre ou gris clair. Le plus parfait dôme est le Sarcoui que les paysans appellent le « Chaudron ». Quant au Puy-de-Dôme, il forme un magnifique belvédère car il est au centre de la chaîne et il est le géant (1 465 m). Il est une sorte de montagne sacrée : les Romains y édifièrent un temple dédié à Mercure et Blaise Pascal y réalisa sa fameuse expérience sur la pression atmosphérique.

La grande majorité des volcans sont des cônes, plus classiques. Les matériaux ont été projetés en l'air et sont retombés autour d'un cratère en entonnoir. Des lits de scories, des cendres, des bombes, tantôt rouges tantôt noirs forment les cônes. Certains sont simples, symétriques, parfaits : le grand Suchet, le puy des Goules. D'autres sont « égueulés » et le cercle est interrompu : tels sont les cônes de la Vache et de Lassolas, jumeaux et voisins. Parfois la construction se fit en deux temps : d'où le puy de Pariou (1 210 m) avec ses deux cratères concentriques, et, plus parfait encore, le puy de Côme (1 255 m).

A la base des cônes se sont étalées des coulées. Les unes se dilatent sur le plateau, à l'ouest, en direction de la Sioule : telles sont les multiples coulées du puy de Côme qui ont atteint Pontgibaud. Les autres, à l'est, ont cascadé dans les vallées qui conduisent en Limagne. Le petit puy de Dôme a envoyé ses laves jusqu'à Clermont-Ferrand. La coulée du puy de la Vache a barré des vallons, créé le lac d'Aydat et progresse jusqu'à Saint-Amant-Tallende au pays des vignes. Lorsque la coulée est chaotique, hérissée de rochers noirâtres, on l'appelle une « cheire » : cheire d'Aydat, cheire de Côme.

A. Fel
le Massif Central
édition Flammarion

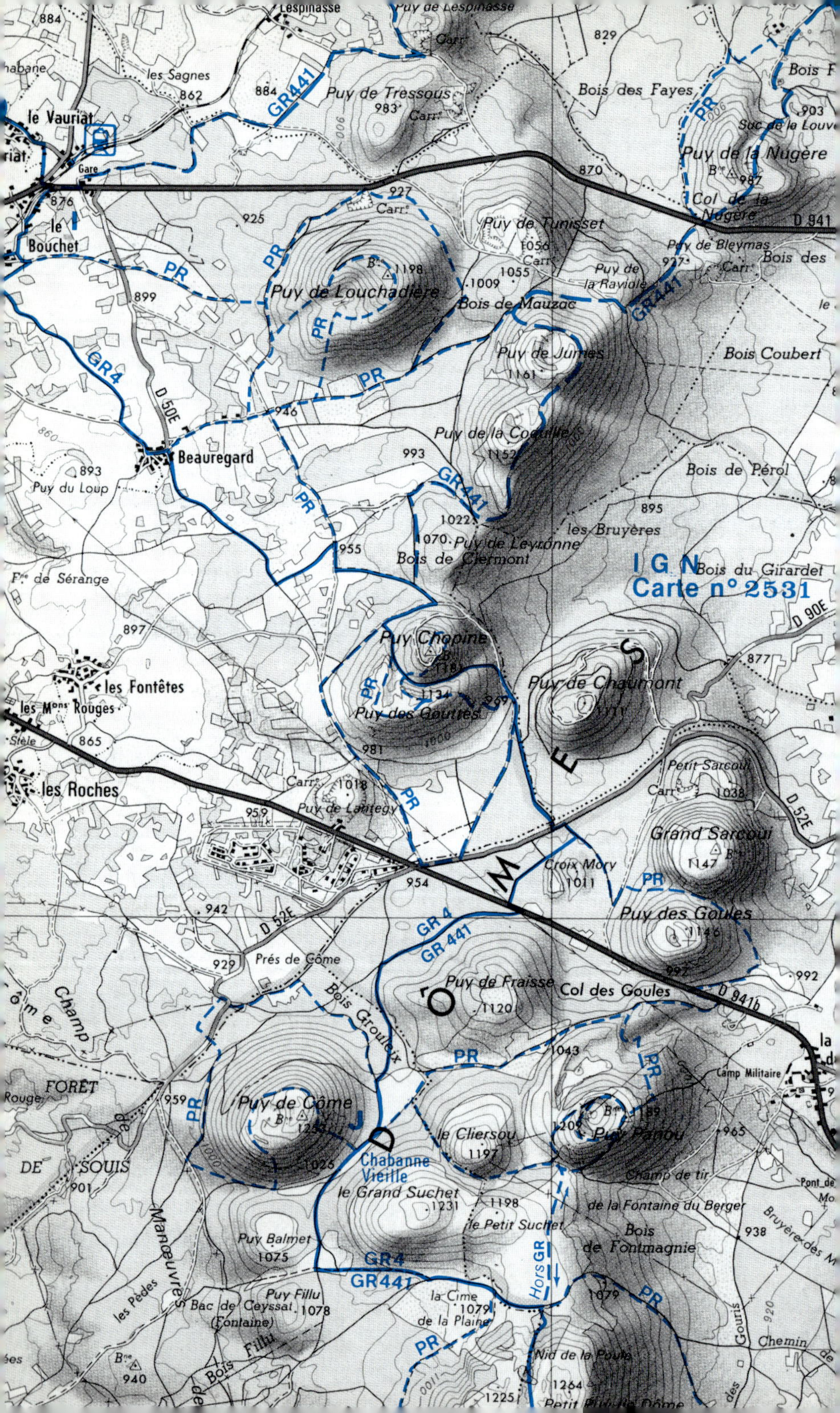
IGN Carte n° 2531
Lespinasse
Puy de Lespinasse
le Vauriat
Gare
le Bouchet
les Sagnes
Puy de Tressous
Bois des Fayes
Puy de la Nugère
Col de la Nugère
Suc de la Louve
Puy de Tunisset
Puy de Bleymas
Puy de la Raviole
Puy de Louchadière
Bois de Mauzac
Puy de Jumes
Bois Coubert
Puy de la Coquille
Bois de Pérol
Beauregard
Puy du Loup
Puy de Leyronne
Bois de Clermont
les Bruyères
Bois du Girardet
Fme de Sérange
les Fontêtes
les Mons Rouges
les Roches
Puy Chopine
Puy des Gouttes
Puy de Chaumont
Petit Sarcoui
Grand Sarcoui
Puy de Lantegy
Croix Mory
Puy des Goules
Prés de Côme
Bois Grouleix
Puy de Fraisse
Col des Goules
Camp Militaire
Champ
FORÊT DE SOUIS
Puy de Côme
le Cliersou
Puy Pariou
Chabanne Vieille
le Grand Suchet
le Petit Suchet
Champ de tir
de la Fontaine du Berger
Bois de Fontmagnie
Bruyère des M
Puy Balmet
Puy Fillu
Bac de Ceyssat (Fontaine)
la Cime de la Plaine
Hors GR
Nid de la Poule
Petit Puy de Dôme
les Pèdes
Manœuvres
Bois Fillu
Chemin
Gouris
GR 4
GR 441
PR
D 941
D 941b
D 50E
D 52E
D 90E
M O D E S

Le Vauriat - Repère I -

Le GR 4 traverse la voie ferrée *(après le passage à niveau : point de séparation du GR 441 qui continue tout droit vers Volvic).* Emprunter à droite la route menant au ***Bouchet.*** A l'entrée du hameau, prendre un chemin à gauche, puis le deuxième à droite pour contourner le Bouchet par le nord-est. Au croisement *(jonction avec le PR jaune),* suivre à gauche le chemin bordé de murets en pierré, puis, à la fourche, continuer sur la droite pour arriver sur un chemin empierré qui mène, à gauche, au hameau de Beauregard. Le traverser, puis tourner à droite par un chemin d'exploitation bordé d'arbres ; 1,5 km plus loin, au carrefour herbeux, tourner à gauche ; on débouche 500 m plus loin sur un chemin (cote 955) ; l'emprunter à droite (sud) sur 200 m, puis le quitter pour un chemin forestier qui monte à gauche jusqu'à la

5,5 km - 1 h 30 - **Jonction avec le GR 441** *(1 000 m)*

située au nord du Puy Chopine. A parur de là, on retrouve le GR 441, dont l'itinéraire est commun avec le GR 4 jusqu'à Pessade.

Les GR débouchent sur un large chemin forestier qu'ils suivent à droite sur 400 m ; on monte ensuite à gauche par la trace dans le sillon formé entre le ***puy Chopine*** et le ***puy des Gouttes.***

S'il est un volcan d'Auvergne que l'on peut comparer à la montagne pelée, c'est bien le Puy Chopine et son énorme aiguille de lave. Le terme de volcan péléen lui convient parfaitement.

Toujours en sous-bois, on redescend de l'autre côté pour déboucher au pied des Puys sur un grand chemin ; le suivre à droite sur 200 m et obliquer à gauche dans un chemin creusé d'ornières. Traverser le D 52 E, suivre le chemin dans les bois sur 100 m pour tourner à droite et aboutir sur le D 941 B, juste après la ligne haute tension.

Les GR suivent la route D 941 B à gauche sur 50 m et à la hauteur d'un pylone, pénètrent à droite en sous-bois ; 1 km plus loin, au carrefour, tourner à gauche (sud) et continuer jusqu'à une grande clairière, au lieu dit

6 km - 1 h 40 - **Chabanne-Vieille** *(1 000 m)* - Repère J -

hors GR : 50 mn - la Fontaine du Berger

Cafés, restaurants.
Hôtels à Orcines, 2 km plus bas.

De Chabanne-Vieille, rejoindre le ***col des Goules*** et suivre le D 941 B vers l'est.

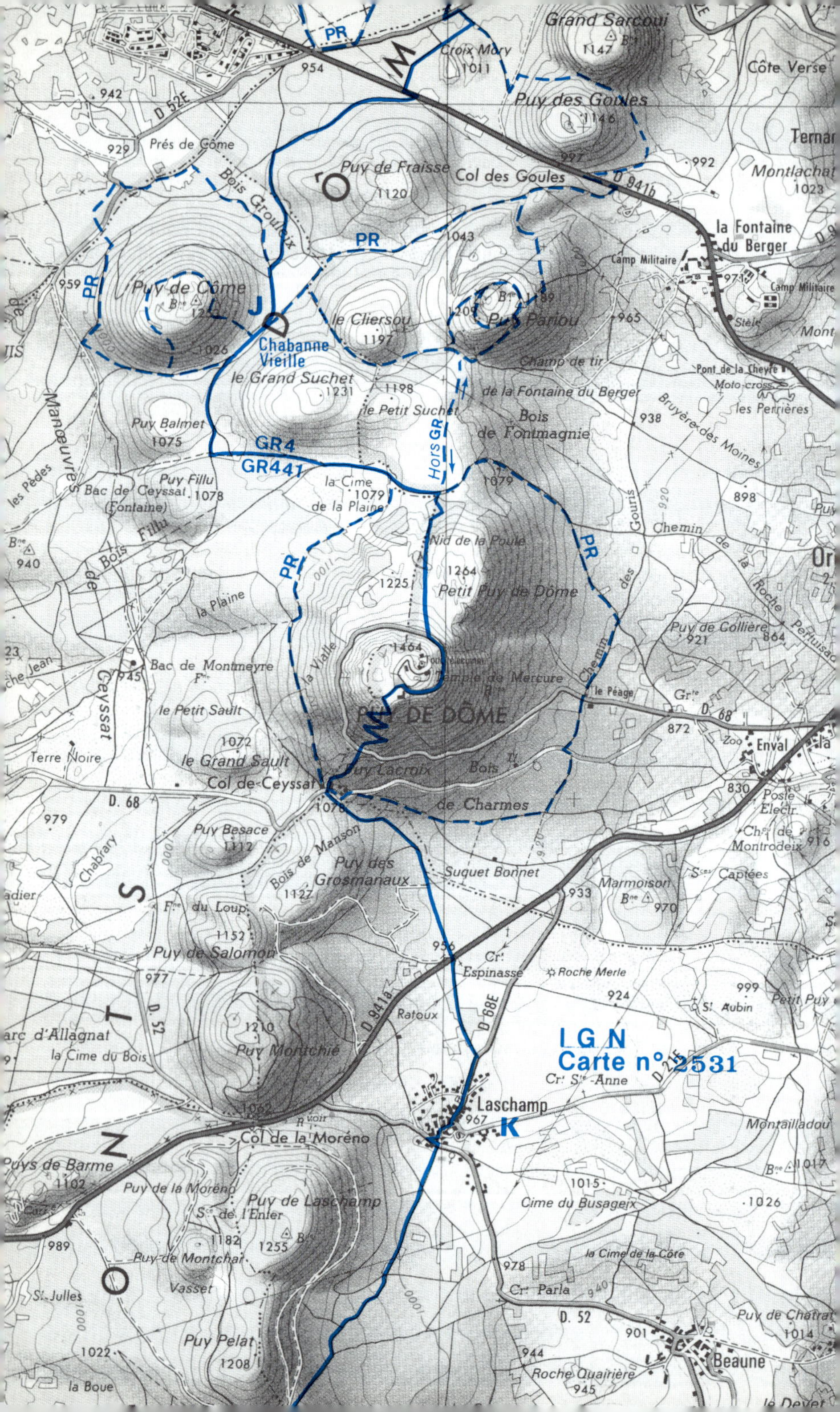

IGN
Carte n° 2531
Grand Sarcoui
Croix Mary
Puy des Goules
Côte Verse
Col des Goules
Puy de Fraisse
Montlachat
la Fontaine du Berger
Camp Militaire
Prés de Côme
Bois Grouleix
Puy de Côme
le Cliersou
Puy Pariou
Chabanne Vieille
le Grand Suchet
le Petit Suchet
Champ de tir de la Fontaine du Berger
Bois de Fontmagnie
Bruyère des Moines
les Perrières
Puy Balmet
Puy Fillu
Bac de Ceyssat (Fontaine)
la Cime de la Plaine
GR4
GR441
PR
Hors GR
Nid de la Poule
Petit Puy de Dôme
Chemin de la Roche Pertuisade
Puy de Collière
la Plaine
Bac de Montmeyre
le Petit Sault
PUY DE DÔME
Temple de Mercure
le Péage
Enval
Terre Noire
le Grand Sault
Col de Ceyssat
Puy Lacroix
Bois de Charmes
D. 68
Puy Besace
Bois de Manson
Puy des Grosmanaux
Suquet Bonnet
Marmoison
Puy de Salomon
Espinasse
Roche Merle
St Aubin
Petit Puy
Ratoux
Puy Montchié
la Cime du Bois
Laschamp
Cr. Ste Anne
Montailladou
Col de la Moréno
Puys de Barme
Puy de la Moréno
Puy de Laschamp
Cime du Busageix
la Cime de la Côte
Puy de Montchar
Vasset
St Julles
Cr. Parla
D. 52
Puy de Chatrat
Puy Pelat
Roche Quairière
Beaune
la Boue
le Devet

Donc, à ***Chabanne-Vieille,*** dans le vallon entre le puy de Côme et le puy du Grand Suchet, les GR obliquent à gauche sous les noisetiers. On arrive sur un vaste espace après le puy Balmet, face au puy Fillu : *la forêt a été très dévastée dans cette zone par la tempête de novembre 1982.* Prendre à gauche le chemin qui monte doucement pour rejoindre ***« la Cime de la Plaine »,*** grand col au pied du Puy de Dôme.

Variante : En cas de mauvais temps, on peut contourner le Puy de Dôme par l'est ou par l'ouest : un sentier PR jaune en effectue le tour, il a son départ au col de Ceyssat où l'on retrouve alors le GR 4 et *il est balisé dans le sens des aiguilles d'une montre.*

Les GR se dirigent au sud en suivant une trace en creux jusqu'au pied du Puy de Dôme. Monter à droite dans les taillis puis dans une combe de pouzzolane jusqu'au cratère du Nid de la Poule que l'on contourne par la droite; une trace bien marquée grimpe vers le Puy. On atteint la route d'accès au sommet que l'on suit parallèlement en cheminant sur une banquette herbeuse *(la route est interdite aux piétons)* jusqu'à la plateforme-parking.

6 km - 2 h - Sommet du Puy de Dôme (1 464 m)

Café-restaurant (ouverture de début mai à fin septembre). Eau.

Point d'information du Parc des Volcans l'été (du 1er avril au 30 novembre).

Il est conseillé de faire le tour du sommet, sentiers aménagés, tables d'orientation. Par beau temps vues intéressantes sur toute la région. Ruines du temple de Mercure.

Du sommet du ***Puy de Dôme***, les GR descendent par l'ancienne voie romaine au sud du parking près du restaurant. A mi-chemin, on coupe la route d'accès, continuer jusqu'au

1,5 km - 30 mn - Col de Ceyssat (1 078 m)

Auberge (sans chambre). Eau.

Jonction avec le sentier PR jaune permettant en cas de mauvais temps, pour les randonneurs venant en sens inverse, de contourner le Puy de Dôme.

Descendre jusqu'à la route, la suivre à gauche sur 50 m, puis s'engager sur un sentier à droite qui pénètre dans la hêtraie (attention débardages récents). Obliquer sur la gauche; longer la lisière d'un bois de résineux. Traverser le D 941 B, prendre en face (croix) un chemin (sud-est). Emprunter ensuite la route passant devant le cimetière pour atteindre

3,5 km - 50 mn - Laschamp (967 m) - **Repère K** -

Café. Gîte d'étape (ravitaillement restreint et repas sur demande). Hôtel.

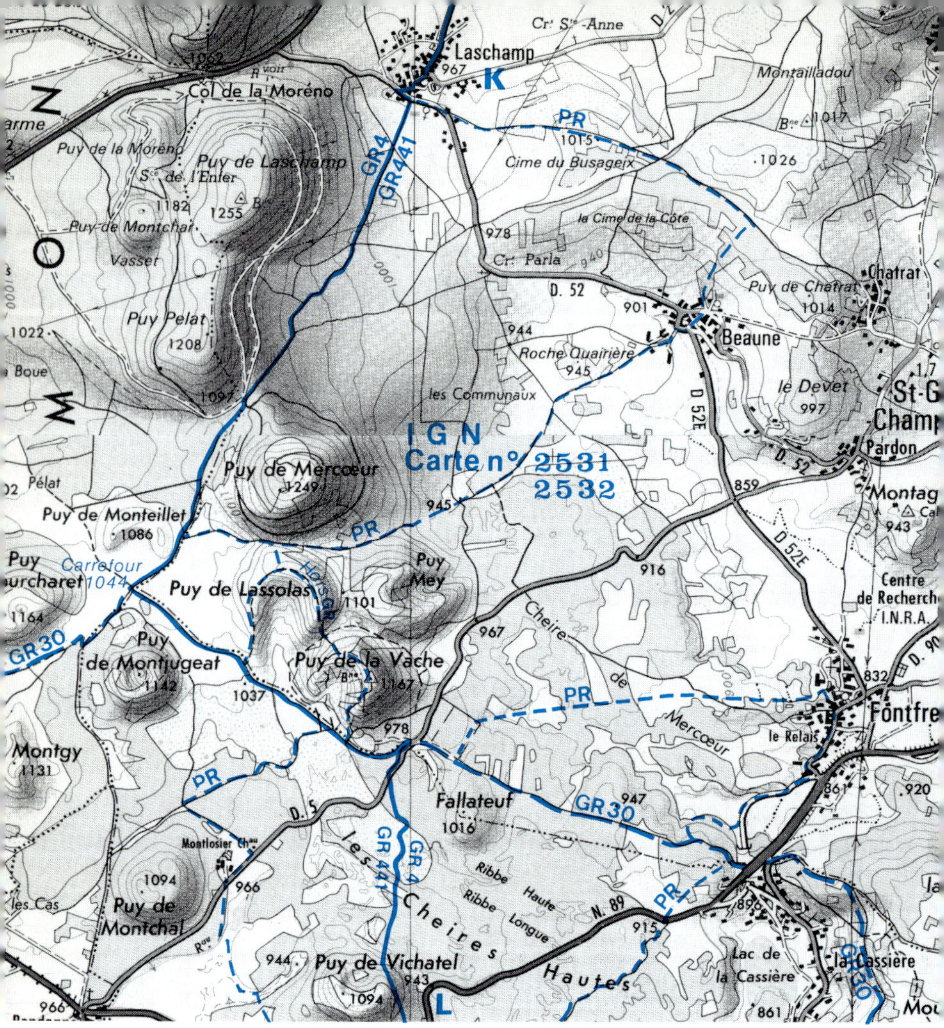

La forêt

Le « Climax » est l'état floristique d'équilibre avec le milieu (sol, climat, faune, orientation, pente) qu'installe la nature au terme d'une longue évolution non perturbée par l'intervention de l'homme, ou par des bouleversements géologiques ou climaxiques.

Dans la région de la Chaîne des Puys, le climax est constitué par une forêt à base de hêtres ou hêtraie. Malheureusement, sous l'action de l'homme cette forêt a pratiquement disparu.

Déboisement intensif, incendies de forêts se sont succédés pour la mise en pâtures de ces zones allant parfois jusqu'au surpâturage.

Depuis la fin du siècle dernier, on assiste à une régression de l'élevage, donc à l'abandon des pâturages qui, non entretenus, évoluent vers des landes à base de genêts à balai, fougères aigle et callunes celles-ci pouvant se peupler à leur tour, d'arbres plus ou moins élevés : noisetiers, bouleaux, pins, considérés comme espèces pionnières du reboisement.

Si toutes les conditions naturelles étaient réunies et qu'il n'y ait plus aucune intervention humaine ou autre, ce boisement évoluerait en hêtraie et ainsi la forêt « climatique » serait reconstituée.

Juste après le gîte de Laschamp situé sur la place du village, les GR passent à gauche entre les maisons, traversent une route, puis montent le grand « communal » *(départ PR jaune)* en face pour suivre un chemin qui, après les prairies, s'élève dans la forêt en direction du sud-ouest. Traverser un grand carrefour de chemins, dépasser le puy de Mercœur que l'on aperçoit sur la gauche (antenne) : *le PR jaune bifurque à gauche à l'orée d'une immense lande au milieu des Puys.*

hors GR : on peut suivre le PR jaune jusqu'au col de Lassolas (non indiqué sur les cartes), entre le puy du même nom et celui de ***Mercœur,*** et, de là, rejoindre la lèvre supérieure du cratère de ***Lassolas.*** La descente peut s'effectuer par la lèvre ouest pour rejoindre le GR. On peut aussi passer directement sur les lèvres du cratère du ***puy de la Vache*** avant de redescendre vers le GR sur le grand chemin qui débouche sur le D 5.

Les GR 4 et GR 441 continuent vers le sud-ouest jusqu'à un

4 km - 1 h - Grand carrefour (cote 1 044 m)

Jonction avec le GR 30, marquée par un poteau avec fléchage GR.

Au carrefour ***(cote 1 044),*** les GR tournent à gauche (sud-est) pour passer devant les cratères égueulés du puy de ***Lassolas*** et du puy de ***la Vache.***

hors GR : 30 mn - Château de Montlosier

Siège du Parc naturel régional des Volcans d'Auvergne.
Centre administratif et d'accueil. Information.
Gîte d'étape.

Voir tracé de l'itinéraire en tiretés sur la carte. Du château de Montlosier, on peut rejoindre le GR 4 au sud-est du puy de Charmont après avoir coupé la N 89 à l'ouest du col de la Ventouse *(itinéraire d'un sentier PR balisé en vert).*

Les GR continuent vers le sud-est, pénètrent sous bois et atteignent la

2,5 km - 35 mn - Route D 5 (978 m)

Point de séparation avec le GR 30, qui poursuit vers le sud-est.

Au carrefour avec le D 5, les GR 4 et GR 441 empruntent cette route à droite sur 200 m, puis s'enfoncent à nouveau en sous-bois à gauche pour suivre un sentier dans les « Cheires » conduisant au ***col de la Ventouse.***

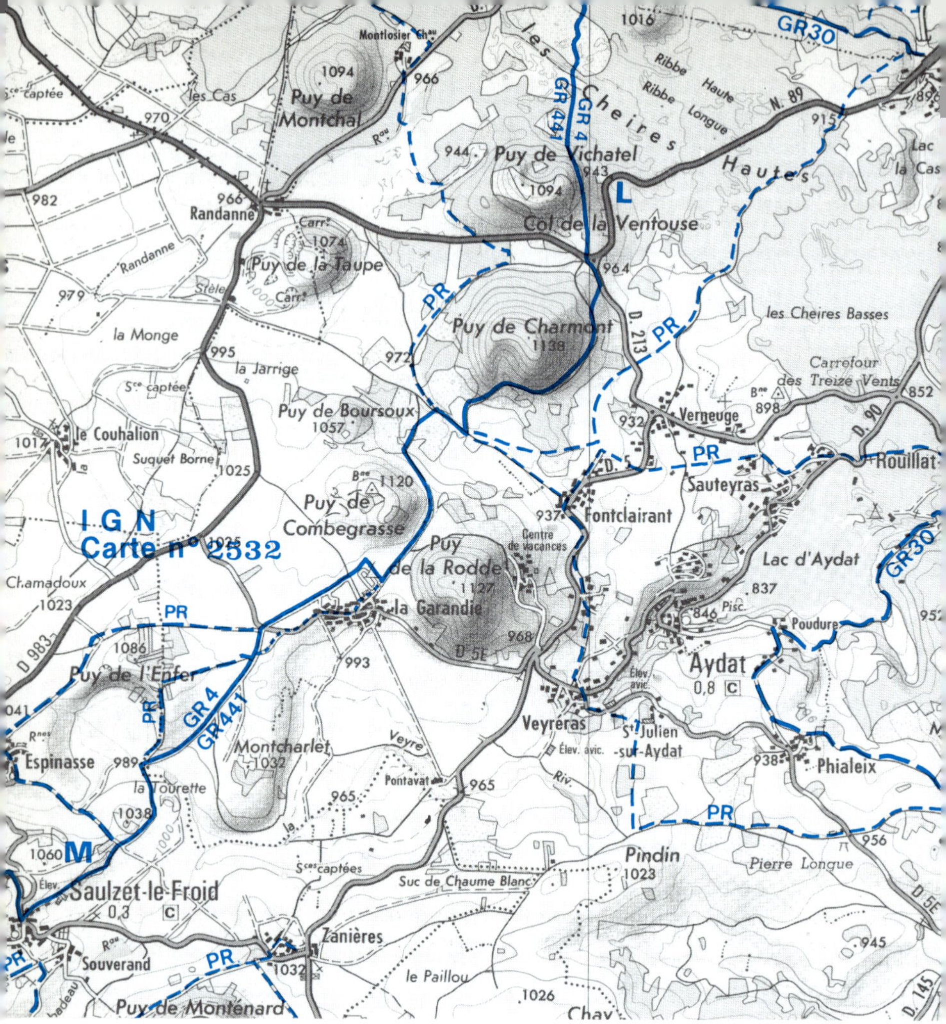

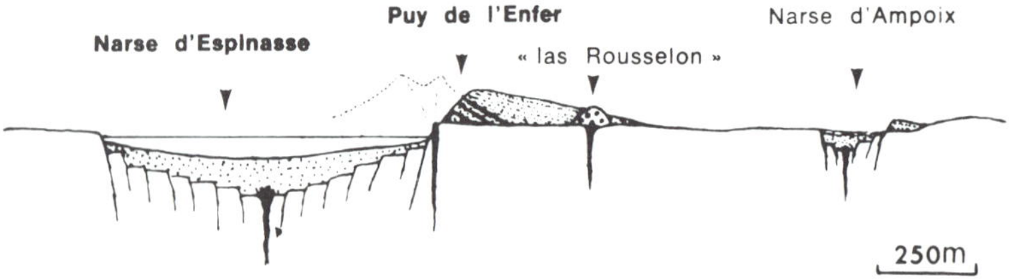

La fissure éruptive Espinasse-Ampoix

2 km - 30 mn - Col de la Ventouse (964 m) **- Repère L -**

Vente ambulante (buvette-casse croûte) en saison et certains week-ends.
Par la N 89, à 2 km : ***Randanne :*** *restaurant, cafés.*

Les GR traversent le terre-plein central en se dirigeant vers le D 123, s'engager aussitôt à droite sur un grand chemin forestier montant dans les bois pour contourner sur son flanc est le puy de Charmont (1 138 m). Redescendre vers la face sud du puy, prendre à droite un grand chemin sur 300 m.

Jonction avec le hors GR arrivant du puy de la Vache et du château de Montlosier (voir tracé en tiretés sur la carte).

Hors GR : 1 h - lac d'Aydat

Hôtels, restaurant, ravitaillement, campings.

Les GR tournent à gauche dans la lande et montent par un chemin au col situé entre le puy de Combegrasse (1 120 m), à droite, et le puy de la Rodde (1 127 m) à gauche. *Du col : vue sur le massif du Sancy et, en se retournant, sur une partie de la chaîne des Monts Dômes.*

Les GR descendent jusqu'à l'entrée du hameau de

4 km - 1 h - la Garandie (1 000 m)

Café. Camping.

Les GR contournent ***la Garandie*** par la droite (nord) pour rejoindre le D 5 E que l'on traverse. Passer près d'abreuvoirs *(départ d'un PR bleu)* et descendre (sud-ouest) le chemin qui, 1 km plus loin, franchit le ruisseau de la Veyre, à hauteur de la ***Narse d'Espinasse.***

La Narse d'Espinasse est le résultat du comblement d'un lac de cratère et présente encore par certains côtés (flore, faune) les caractéristiques d'une zone marécageuse.

Au nord de la narse : au pied du puy de l'Enfer, on peut noter la présence de jonc, carex, ligulaires de Sibérie (fleurs d'époque glaciaire), prêle des marais, luzules, alors que plus haut on retrouve des épicéas et des genêts à balai.

A la cote 989 m, remonter légèrement et passer à gauche d'une petite excroissance (la Tourette) pour atteindre

4 km - 1 h - Saulzet-le-Froid (1 034 m) **- Repère M -**

Hôtels, cafés, restaurants, ravitaillement complet.

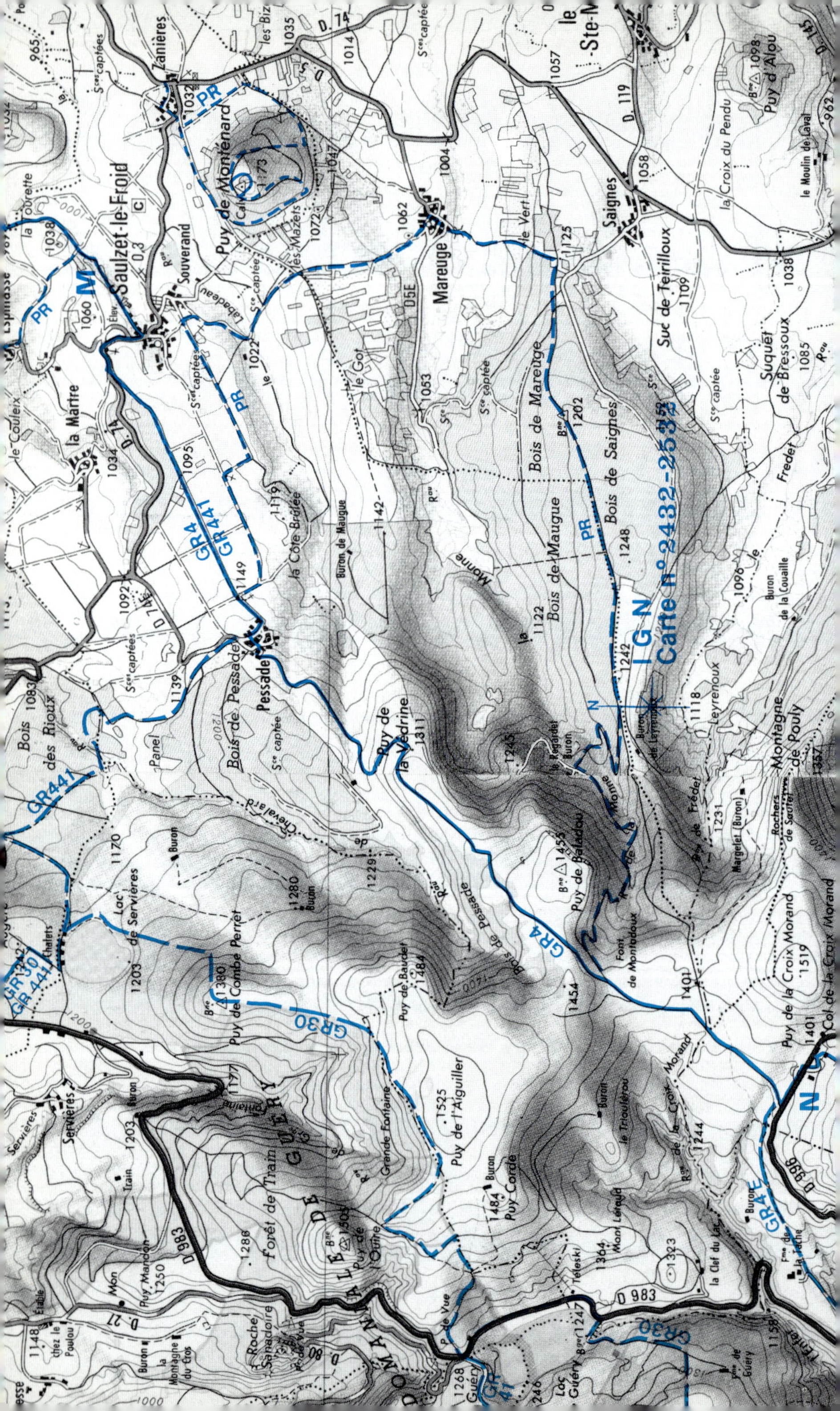

IGN
Carte n° 2432-2532
Saulzet-le-Froid
Puy de Monténard
Souverand
Zanières
la Martre
Mareuge
Saignes
le Vert
le Got
Suc de Teiriloux
Suquet de Bressoux
Bois de Mareuge
Bois de Saignes
Bois de Maugue
Buron de Maugue
la Côte Brûlée
Pessade
Bois de Pessade
Bois des Rioux
Puy de la Védrine
Puy de Baladou
Puy de Combe Perret
Lac de Servières
Servières
Puy de Baudet
Bois de Pessade
Puy de l'Aiguiller
Grande Fontaine
Puy Corde
Puy de l'Ouire
Forêt de Train
Puy Mandon
Roche Sanadoire
Roche Tuilière
Guéry
Lac Guéry
Col de Guéry
Puy de la Croix Morand
Col de la Croix Morand
Montagne de Pouly
Leyrenoux
Fredet
Forêt de Montadoux
la Clef du Lac
Puy d'Alou
la Croix du Pendu
le Moulin de Laval
Ste-M
GR4
GR441
GR30
GR4 E
PR
D. 74
D. 119
D. 983
D. 996
D. 27
D. 80
D 74E
D 5E
N

Dans ***Saulzet-le-Froid***, les GR empruntent le D 74 à droite sur 500 m ; après le virage sous la croix Saint-Roch, monter à gauche un chemin goudronné, d'abord en lisière d'une plantation, puis à travers une zone remembrée de grandes prairies. Continuer tout droit jusqu'à

3 km - 45 mn - Pessade (1 172 m)

Gîte d'étape. Restaurant.

Point de séparation du GR 441 qui se dirige à droite (nord) sur le lac de Servières.

Le GR 4 passe devant un lavoir et prend un bon chemin qui s'élève au sud-ouest. *C'est l'ancienne route des Bains du Mont-Dore baptisée « route royale » très empruntée au XVIIIe siècle, notamment par la Marquise de Sévigné.*

Franchir les barrières et monter en décrivant une grande boucle vers le Puy de la Vedrine (1 311 m). Le chemin passe près du bois de Pessade à droite du Puy Baladou (1 455 m) pour continuer dans la même direction (sud-sud-ouest), plus ou moins de niveau, pour atteindre, près du ***col de la Croix Morand,*** la

6 km - 2 h - Route D 996 (1 380 m) - Repère N -

Juste avant la route, point de départ sur la droite, de la variante GR 4 E. Cette variante balisée blanc et rouge évite toute la ligne de crête nord et est du massif du Sancy. Elle peut être utilisée en cas de mauvais temps ou pour faire étape et se ravitailler au Mont-Dore. Néanmoins, pour cette dernière raison, il existe aussi une autre possibilité de quitter le GR 4 au col de la Croix Saint-Robert, à 2 h de marche du col de la Croix-Morand.

Les troupeaux collectifs

L'élevage des moutons, qui était devenu la principale activité à la fin du XIXe siècle, a beaucoup perdu de son importance entraînant ainsi une recolonisation par les taillis des anciens parcours des troupeaux.

La vieille coutume du troupeau collectif gardé par le berger du village sur les terrains communaux a aujourd'hui pratiquement disparu et les cabanes roulantes du berger, les chabones, que l'on peut encore rencontrer au milieu d'une lande, seront bientôt effacées de la mémoire des villageois.

Sources thermales et minérales

La région Auvergne enregistre une concentration importante de sources thermales et minérales qui, au même titre que ses volcans, ont largement contribué à sa renommée.

Déjà connues et appréciées à l'époque gallo-romaine, les stations thermales ont été redécouvertes au XVIIIe siècle et remises au goût du jour au XIXe siècle.

Ces stations ont toutes une propriété thérapeutique bien spécifique : le Mont Dore pour les voies respiratoires, la Bourboule pour les affections cutanées, le rachitisme, Saint-Nectaire pour les reins et les voies rénales, Royat pour les affections cardiaques et circulatoires, Châtel-Guyon pour les voies intestinales et Châteauneuf-les-Bains pour les affections des voies digestives et l'arthrose.

A côté de ces stations, existent des émergences exploitées principalement pour l'embouteillage. Ce sont surtout des eaux gazeuses utilisées comme eaux de régime.

Enfin, des eaux très pures sont également exploitées comme eaux minérales; c'est le cas de l'exploitation des eaux de Volvic. Il s'agit d'une eau météorique, donc pluviale, naturellement filtrée par les scories et ponces de la Chaîne des Puys et atteignant par là un degré de pureté rarement égalé.

En parcourant le Puy-de-Dôme
Lapadu Hargues.

Le massif des monts Dore

Sur quelque 35 km du nord au sud et une vingtaine d'est en ouest, le massif des monts Dore a la même structure de volcan complexe et ancien que le Cantal et le dépasse même légèrement en altitude, mais les émissions volcaniques sont ici plus rassemblées sur un axe méridien. Les sommets se disposent assez régulièrement sur cette ligne nord-sud, formant comme un rempart central ébréché par des cols hauts perchés : puy de Sancy (1 886 m), col de la Croix-Saint-Robert, puy de Barbier (1 729 m), col de Diane, puy de l'Aiguiller (1 550 m). Un peu à l'écart, au nord-ouest, la grosse bosse de la banne d'Ordanche (1 515 m) constitue un admirable promontoire pour contempler la montagne. Les planèzes sont plus inclinées et plus courtes que dans le Cantal.

Les eaux et les vallées divergent, presque en tous sens. Vers l'ouest, c'est la profonde échancrure de la haute Dordogne où se blottissent les petites villes du Mont-Dore et de la Bourboule. Vers le nord, au-delà des admirables roches Tuilière et Sanadoire, commencent à s'incruster les différentes branches de la Sioule. Vers l'est, c'est le pays des Couzes, avec les plus belles vallées. Ainsi la Couze-Chambon qui offre une magnifique succession de paysages : auge d'allure alpestre de Chaudefour, lac Chambon, volcan boisé du Tartaret, bassin de Murol, gorge de Saint-Nectaire qui conduit — avec encore quelques avatars — à la plaine de Limagne.

Une des parures du massif réside dans ses lacs. Les plus beaux sont dus à des cônes volcaniques quaternaires (encore une originalité par rapport au Cantal qui en est dépourvu). Le lac Chambon dort à 875 m, barré par le petit cône du Tartaret. Le lac de Montcineyre est moins connu, à l'écart des routes, abrité par le volcan du même nom. Le lac Servière et le lac Pavin sont de magnifiques lacs de cratère, parfaitement circulaires, aux eaux profondes et situés en pleine montagne. D'autres lacs sont installés dans des dépressions glaciaires : celui du Guéry est un léger creux dans un col. Plus bas, à l'ouest, dans les pays d'Artense, les petits lacs se multiplient entre les bosses rocheuses (la Crégut, Lespialades, etc.).

Ces beaux paysages de montagne sont de plus en plus garnis de forêts. Aux vieux bois de hêtres des pentes abruptes s'ajoutent aujourd'hui les plantations de résineux : pins, sapins, épicéas ont recouvert les tapis de bruyère et d'airelles. Certains villages ont reboisé très tôt leurs communaux de montagne et disposent aujourd'hui de forêts centenaires (Courbanges au-dessus du lac Chambon). La plupart des villages ont résisté plus longtemps aux sollicitations de l'administration forestière, puis se sont décidés à « planter ». La vie pastorale a toujours été moins active que dans le Cantal. Nombre de « montagnes » étaient d'ailleurs louées à de gros fermiers de la région d'Aurillac : c'est qu'ici les grandes fermes en quête d'espace pastoral sont assez rares.

A. Fel
le Massif Central
édition Flammarion

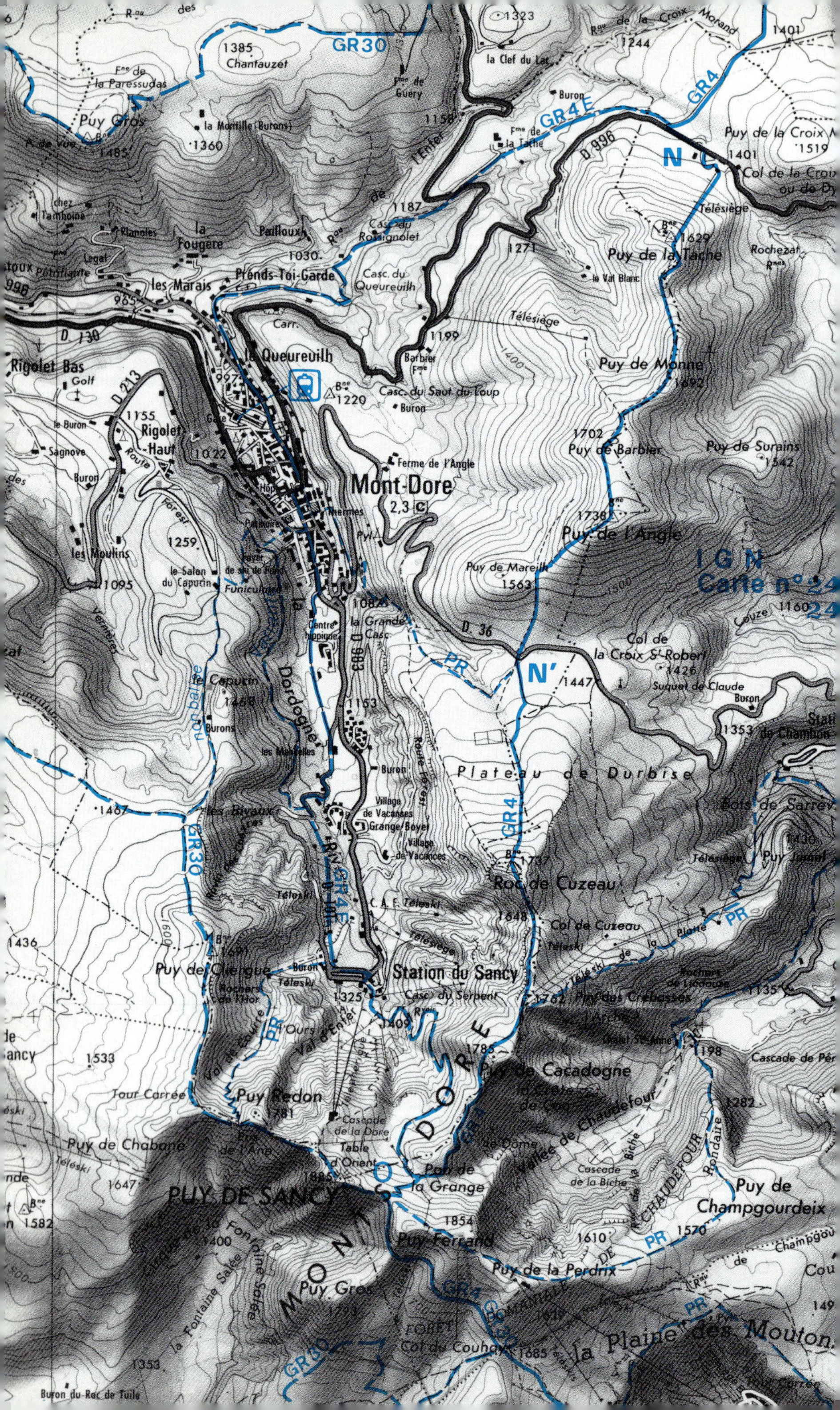
GR30
Chantauzet
1385
Puy Gros
1485
la Montille (Burons)
1360
Fme de Guéry
la Clef du Lac
1323
1244
Rau de la Croix Morand
1401
GR4
GR4E
Fme de la Tache
D 996
N
1401
Puy de la Croix Morand
1519
Col de la Croix Morand ou de Dyane
Télésiège
1629
Puy de la Tache
Rochezat
la Fougère
Pailloux
Casc. du Rossignolet
1187
1030
Prends-Toi-Garde
les Marais
965
Planoles
Casc. du Queureuilh
1271
le Val Blanc
D. 130
Rigolet Bas
Golf
la Queureuilh
997
1220
Casc. du Saut du Loup
Buron
1199
Barbier
Télésiège
Puy de Monne
1692
D. 213
1155
Rigolet-Haut
1022
le Buron
Sagnove
Buron
Route Forest
1259
les Moulins
1095
Mont-Dore
Ferme de l'Angle
2,3 C
Thermes
Pyl
1702
Puy de Barbier
Puy de Surains
1542
1738
Puy de l'Angle
Puy de Mareilh
1563
le Salon du Capucin
Funiculaire
1082
la Grande Casc.
D. 36
IGN
Carte n° 24
1160
Col de la Croix St Robert
1426
Suquet de Claude
1447
N'
PR
le Capucin
1468
Burons
Dordogne
D 983
1153
Centre hippique
Buron
Route Forest
Plateau de Durbise
1353
Bois de Sarrey
1467
les Biyaux
GR30
Village de Vacances
Grange Boyer
Village de Vacances
GR4
1737
Roc de Cuzeau
1430
Puy Jumel
Téléski
GR4E
C.A.F. Téléski
1648
Col de Cuzeau
1436
1691
Puy de Cliergue
Rochers de l'Hor
Station du Sancy
Casc. du Serpent
1325
Puy des Crebasses
Rochers de Liadouze
1135
PR
1533
Val d'Enfer
MONTS DORE
1785
Puy de Cacadogne
Vallée de Chaudefour
1198
Cascade de Pérouse
Tour Carrée
Puy Redon
1781
Cascade de la Dore
Table d'Orient
Puy de Chabane
1647
1885
PUY DE SANCY
Pan de la Grange
Cascade de la Biche
CHAUDEFOUR
1282
Puy de Champgourdeix
1854
Puy Ferrand
1610
1570
1582
1400
Puy de la Perdrix
Fontaine Salée
Puy Gros
1793
GR4
GR30
Col du Couhay
1685
la Plaine des Moutons
1353
Buron du Roc de Tuile

Variante GR 4 E par le Mont-Dore

A l'ouest du ***col de la Croix-Morand,*** ne pas s'avancer jusqu'à la route D 996, mais prendre un chemin descendant dans les pâturages en s'écartant progressivement de la route. On oblique à gauche pour arriver à hauteur de la ferme de la Tache (café-crêperie-casse-croûte). Emprunter la route de desserte de cette ferme, couper le D 983 et poursuivre par un chemin descendant à la cascade du Rossignolet. Obliquer à gauche pour atteindre celle de Queureuilh, puis gagner le hameau de Prends-Toi-Garde. Le GR 4 E s'oriente plein sud et aboutit au quartier du Queureuilh, sur le D 996. Se diriger à gauche jusqu'au centre-ville du

6,5 km - 1 h 30 - Mont-Dore (1 050 m)

Hôtels, restaurants, tous commerces, camping.
Gare SNCF. Office de tourisme. Départ de circuits balisés.

Pour retrouver le GR 4 à partir du Mont-Dore, trois possibilités :

1. Emprunter le GR 4 E en sortant du Mont-Dore vers le sud, au plus près de la Dordogne pour remonter en utilisant des portions de la route qui mène à la station du Sancy (D 101, la plus à l'Ouest) pour finir le long du téléski des Longes, parallèle au D 101.

A la station : refuge CAF et téléphérique pour le Sancy. Auberge de jeunesse.

De la station, prendre complètement à gauche des pistes le grand chemin qui monte en lacets au Pan de la Grange et au

7,5 km - 2 h 45 - Col de la Cabane - Repère O -

2. Suivre le balisage du sentier PR vert dont le départ se situe au centre du Mont-Dore, entre l'établissement thermal et l'hôtel Métropole. Par la grande cascade, on monte ainsi jusqu'au

3,5 km - 1 h 15 - Col de la Croix Saint-Robert - Repère N' -

3. Prendre le sentier qui monte vers le Salon des Capucins près de la gare inférieure du funiculaire au Mont-Dore. A mi-côte, on atteint le « sentier des artistes » qui coupe le funiculaire et, pratiquement de niveau, rejoint, 2 km plus loin, le D 101 près d'un parking. Remonter alors vers la station du Sancy au pied des pistes en suivant le téléski des Longes, parallèlement à la route. Arrivé sur le grand parking, prendre la piste à gauche des installations qui monte jusqu'au Pan de la Grange et au

8 km - 3 h - Col de la Cabane du Sancy - Repère O -

Sur l'origine de l'appellation du département du Puy-de-Dôme

Si la règle d'appellation des départements avait été suivie, le département du Puy-de-Dôme aurait pu se nommer : Mont Dore (du nom du massif le plus haut). Mais le département du « Mont Dore » pouvant évoquer une idée de richesse susceptible d'engendrer une manne d'impôts, l'appellation du Puy-de-Dôme fut alors choisie.

Gaultier de Biauzat (député de la noblesse à la constituante) déclarait à ce sujet « il faut éviter que l'on conçoive l'idée de richesse en prononçant son nom et prouver qu'il est plus facile d'y peser l'air que les écus » (allusion à l'expérience sur la pesanteur réalisée en 1648 par Perrier à la demande de Blaise Pascal).

La vallée de Chaudefour

C'est un cirque glaciaire où l'érosion a laissé à vif le long des pentes boisées, un chaos de dykes, d'aiguilles découpées et rongées : l'Arche, le Chapial, la Dent de la Rancune, la crête de Coq. Cette vallée, maintenant classée réserve naturelle, possède des sources minérales et offre une flore et une faune particulièrement intéressantes qui lui valent d'être répertoriée comme site classé.

En arrivant sur la route D 996 **(repère N)**, le GR 4 l'emprunte à gauche sur 250 m jusqu'au

Col de la Croix-Morand (1 401 m)

Buvette en été seulement.

Vers les baraquements du Col, le GR 4 monte à droite la pente très raide le long du télésiège jusqu'au sommet du puy de la Tache (1 629 m). Suivre alors la ligne de crête par un sentier bien marqué orienté plein sud et qui passe successivement au puy de Monne (1 692 m), au puy de Barbier (1 702 m), au puy de l'Angle (1 738 m) (croix et borne IGN) avant de descendre assez raide jusqu'à un col au pied du puy de Mareilh. Poursuivre la descente jusqu'au D 36 (clôture), à quelques mètres du

5,5 km - 2 h - Col de la Croix Saint-Robert (1 451 m) - **Repère N'** -

hors GR 40 mn - le Mont-Dore (1 050 m)

Suivre à droite le *PR vert, en sens inverse du balisage (donc pas très visible),* passer le Creux des Bœufs pour arriver en surplomb de la grande cascade, d'où un bon sentier descend jusqu'au Mont-Dore.

Le GR 4 emprunte au sud le chemin des anciennes carrières de Sarrevieille. La trace s'élève ensuite progressivement sur les pentes herbeuses du versant nord du Roc du Cuzeau (1 737 m) *(vues sur le Sancy et à-pic sur la vallée du Mont-Dore).* Suivre la ligne des crêtes par un sentier qui redescend d'abord, puis remonte au puy de Crebasse (1 762 m) continue vers le puy de Cacadogne (1 727 m - *vues sur le site classé (réserve naturelle) de la vallée de Chaudefour, à gauche, avec la Crête de Coq et la Dent de la Rancune).*
Après le Pan de la Grange (1 720 m), *on rejoint le GR 4E qui arrive du Mont-Dore par la vallée.*
Le GR 4 gagne le

5,5 km - 2 h - Col de la Cabane du Sancy (1 770 m) - **Repère O** -

Jonction avec le GR 41 et le GR 30 qui arrivent du Sancy

hors GR : 15 mn - Sommet du Sancy (1 885 m)

Table d'orientation.

Par le sommet du Sancy, on peut rejoindre la gare supérieure du téléphérique *(café, restaurant l'été).*

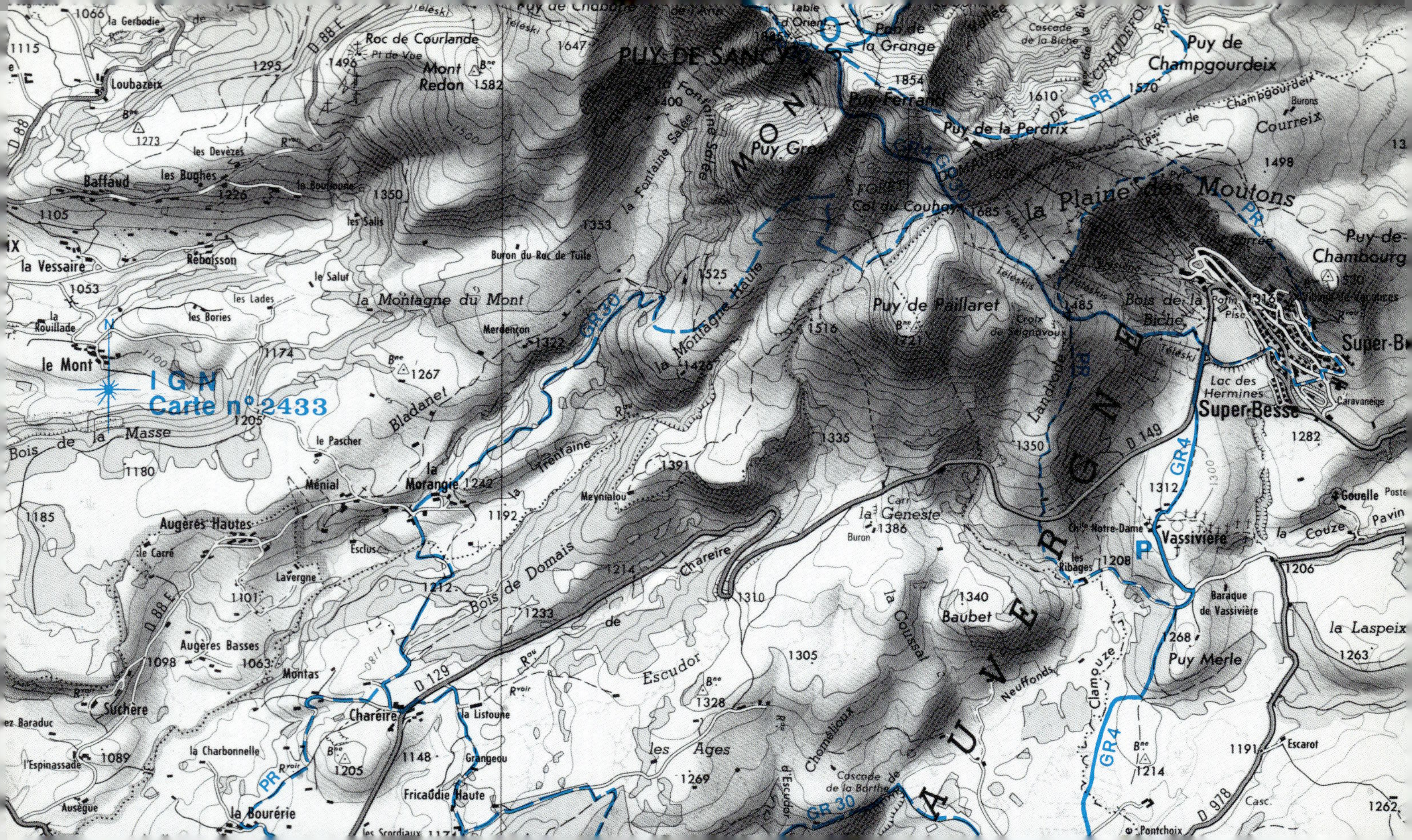
IGN
Carte n° 2433
Roc de Courlande
Mont Redon
Puy Gros
Puy Ferrand
Puy de la Perdrix
Puy de Champgourdeix
Courreix
La Plaine des Moutons
Puy-de-Chambourg
Super-Besse
Lac des Hermines
Puy de Paillaret
Col de Couhay
la Fontaine Salée
la Montagne Haute
la Montagne du Mont
Buron du Roc de Tuile
Merdençon
Bladanet
la Trentaine
Meynialou
la Morangie
Ménial
le Pascher
Bois de la Masse
le Mont
la Rouillade
la Vessaire
Rebeisson
Baffaud
les Bughes
les Devèzes
Loubazeix
la Gerbodie
Augères Hautes
Augères Basses
Lavergne
Montas
Suchère
la Charbonnelle
la Bourérie
Chareire
la Listoune
Grangeou
Fricaudie Haute
Bois de Domais
Escudor
les Ages
d'Escudor
Chomélioux
Cascade de la Barthe
la Coussat
Baubet
Neuffonds
Clamouze
Puy Merle
Baraque de Vassivière
Vassivière
Ch^lle Notre-Dame
les Ribages
la Geneste
Landrode
Bois de la Biche
la Laspeix
Escarot
Pontchoix
Gouelle
Pavin
la Couze
GR 30
GR 4
PR
D 149
D 129
D 978
D 88 E
AUVERGNE
MONT

Du ***col de la Cabane du Sancy***, les GR 4 et GR 30 empruntent vers le sud-est l'ancien chemin du Mont-Dore à Besse qui suit une courbe de niveau. On laisse sur la gauche le puy Ferrand (1 854 m) et le puy de la Perdrix *(1 824 m, gare d'arrivée du télécabine de Super-Besse)* et on atteint le

2 km - 30 mn - Col de Couhay *(1 685 m)*

Point de séparation du GR 30.

> ***Variante : 2 h - Chareire (1 180 m)***
>
> *Gîte d'étape. Café-repas sur demande.*
>
> Descendre à droite (sud-ouest) par le GR 30.
>
> De Chareire, on peut rejoindre le GR 4 en continuant par le GR 30 jusqu'au ***pont de Clamouze (8 km - 2 h 30 à partir de Chareire).***

Du ***col de Couhay***, le GR 4 descend la trace (sud-est) à proximité des pistes et des remonte-pentes. Couper le téléski du Pailleret avant d'arriver à la ***Croix de Seignavoux (1 554 m)***.
Continuer à descendre vers le lac artificiel des Hermines (1 270 m) à Super-Besse, en suivant la piste bleue qui aboutit à un ancien buron *(buvette)* à proximité d'une cascade. On est à

2,5 km - 40 mn - Super-Besse *(1 316 m)*

C'est en 1960 que fut décidée la création de la station de sport d'hiver de Super-Besse. A 8 km du bourg de Besse, et à 1 350 m d'altitude une montagne pastorale fut achetée par la commune. Hôtels, chalets, immeubles ont été rapidement implantés. Aujourd'hui : 19 pistes de difficultés variables sont ouvertes aux skieurs pour un domaine skiable de 50 km.

Hôtels, restaurants, tous commerces, camping, cars.

A hauteur du buron, prendre à droite, rejoindre le croisement routier au sud du lac, emprunter à droite sur 300 m la route D 149.
Quitter celle-ci pour un sentier dans les pacages qui mène à

1,5 km - 20 mn - Notre-Dame de Vassivière *(1 312 m)* - Repère P -

L'église de Vassivière renferme en été une vierge noire d'origine romane qui est l'objet d'un pèlerinage célèbre dans la région. Depuis le XVIIe siècle, Notre-Dame de Vassivière quitte en procession l'église de Besse où elle a passé tout l'hiver pour regagner, sur la montagne (fête de la montée), sa chapelle de Vassivière, qu'elle ne quittera qu'au dernier dimanche de septembre (fête de la dévalade).

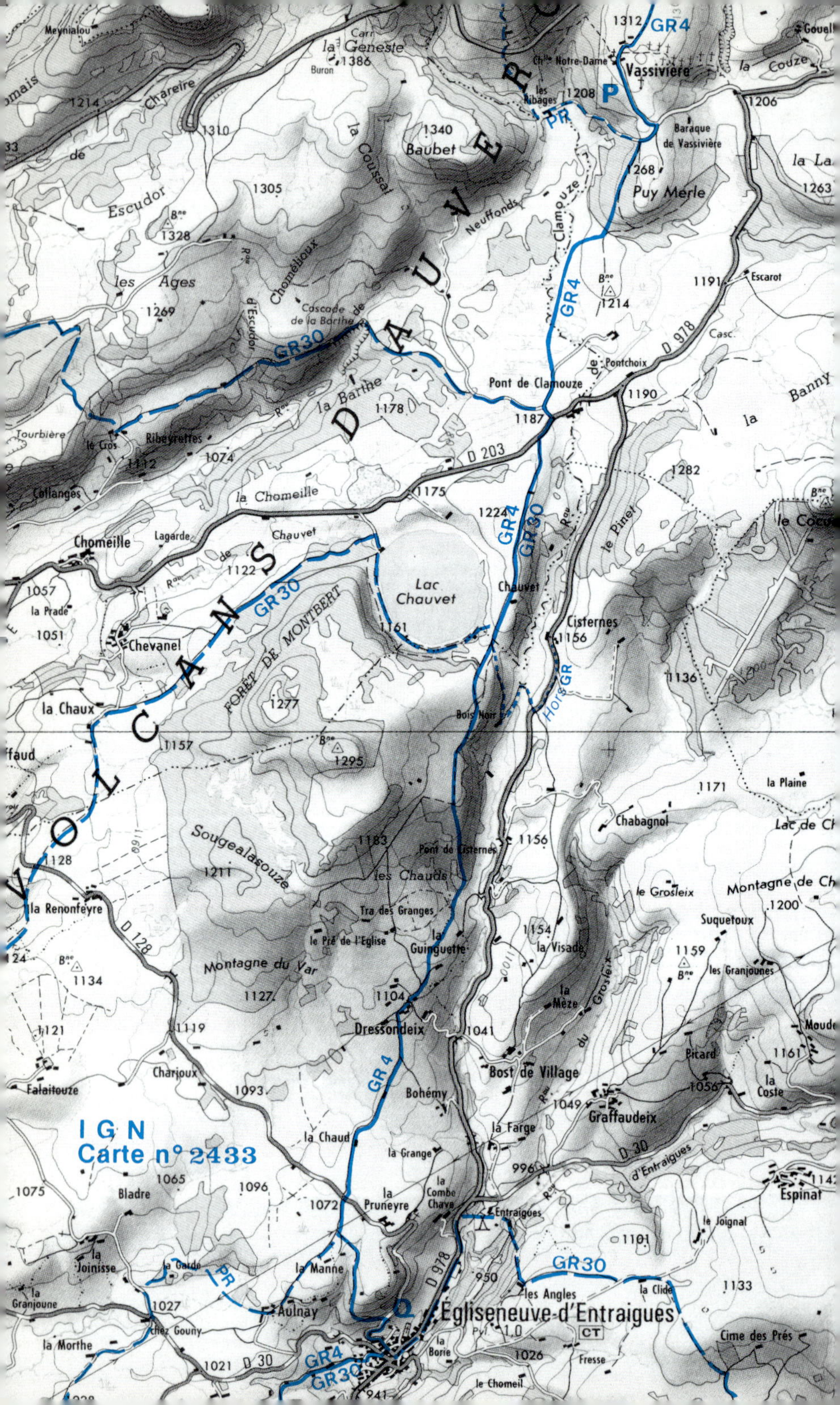

IGN
Carte n° 2433
VOLCANS D'AUVERGNE
GR4
GR30
PR
Hors GR
P
Q
Vassivière
Chlle Notre-Dame
Baraque de Vassivière
Puy Merle
la Geneste
Buron
Baubet
la Coussat
les Ribages
Neuffonds
Clamouze
Pont de Clamouze
Pontchoix
Escarot
la Banny
Meynialou
Chareire
Escudor
les Ages
Chomélioux
Cascade de la Barthe
la Barthe
Tourbière
le Cros
Ribeyrettes
Collanges
la Chomeille
Chomeille
Lagarde
Chauvet
Lac Chauvet
Forêt de Montbert
Cisternes
le Pinet
la Prade
Chevanel
la Chaux
Bois Noir
Sougealasouze
la Renonfeyre
Chabagnol
la Plaine
Lac de Ch
Pont de Cisternes
les Chauds
Tra des Granges
le Pré de l'Église
la Guinguette
le Grosleix
Montagne de Ch
Suquetoux
les Granjounes
la Visade
la Mèze
Montagne du Var
Dressondeix
Bost de Village
Charjoux
Falaitouze
Bohémy
Graffaudeix
Picard
la Coste
la Chaud
la Farge
la Grange
la Combe Chave
Pruneyre
Bladre
Entraigues
Espinat
le Joignal
la Joinisse
la Garde
la Manne
Aulnay
les Angles
la Clide
la Granjoune
chez Gouny
la Morthe
Égliseneuve-d'Entraigues
la Borie
Fresse
Cime des Prés
le Chomeil
CT
D 978
D 203
D 128
D 30
1312
1386
1340
1208
1206
1214
1310
1305
1328
1268
1263
1269
1191
1190
1187
1178
1112
1074
1175
1224
1282
1122
1057
1051
1161
1156
1277
1157
1295
1136
1171
1183
1128
1211
1200
1154
1159
1134
1127
1104
1041
1121
1119
1093
1049
1056
996
1065
1075
1096
1072
1101
1133
950
1027
1021
1026
941

Le GR 4 quitte la chapelle ***Notre-Dame*** par une petite route ; à l'intersection suivante, prendre à droite ; 200 m plus loin, laisser en face (ouest) la route menant à la ferme des ***Ribages*** *(possibilité d'hébergement en grange, vente de saint-nectaire fermier)* et tourner à gauche (sud), traverser une plantation de conifères ; à la sortie, longer la lisière à droite, puis le ruisseau de Clamouze *(propriété privée. Ne pas s'approcher de la ferme, attention aux chiens).* Franchir le ruisseau, suivre une clôture pour atteindre le chemin goudronné de la ferme. Le suivre à droite jusqu'à un autre chemin goudronné *(jonction avec le GR 30 venant de Chareire)* que l'on suit à gauche jusqu'au D 203, à 300 m à l'ouest du

3 km - 45 mn - Pont de Clamouze (1 190 m)

Ce pont se situe près de la ligne de partage des eaux entre la Dordogne et l'Allier. Il suffirait d'ailleurs d'une tranchée de quelques mètres de profondeur ouverte dans l'imperceptible Col de Vassivière, pour détourner la Clamouze ou la Couze Pavin de leurs cours naturels.

Cet endroit est très redouté l'hiver car sur ses vastes espaces plats, le vent, né de la dépression, balaye le plateau et soulève la neige.

Le GR 4 et le GR 30 empruntent le D 203 à droite sur 100 m et s'engagent à gauche sur le premier chemin (barrière). On passe devant une ancienne grange et, poursuivant vers le sud, on atteint le point de

1,5 km - 20 mn - Séparation du GR 30 (1 178 m)

Le GR 30 se dirige à droite vers le lac Chauvet. En le suivant, on peut atteindre en 20 mn la buvette au nord-ouest du lac.

hors GR : 20 mn - Cisternes

Café, restaurant.

Descendre à gauche par la grange des Bois Noirs jusqu'au D 978.

Le GR 4 se poursuit plein sud, longe d'anciens murets, se rapproche du bois ; passer un ruisseau, franchir une clôture, traverser une hêtraie en laissant un embranchement à gauche et rejoindre un grand chemin (clôtures) qui conduit au hameau de Dressondeix. Passer devant un bâtiment avant de traverser le D 128. Sous la ligne haute tension, obliquer à gauche, contourner la ferme de la Manne et descendre par un vieux chemin qui débouche à nouveau sur le D 128 menant à

6,5 km - 1 h 35 - Egliseneuve d'Entraigues (960 m) - Repère Q -

Hôtels, restaurants, cafés. Cars. Gîte d'étape, camping.
Maison du fromage, à visiter.

Jonction avec le GR 30 venant d'Espinchal.

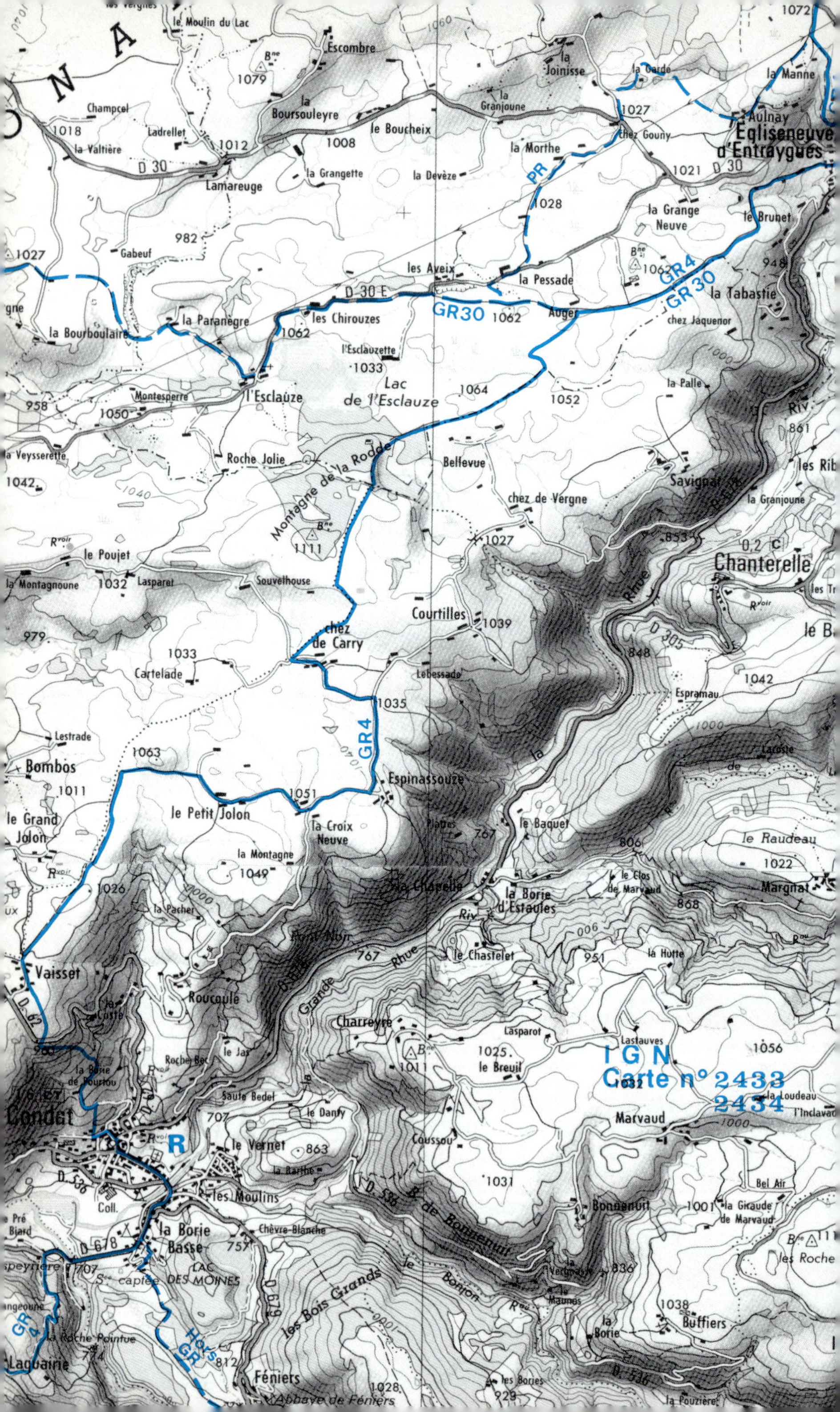

le Moulin du Lac
Escombre
1079
la Joinisse
la Garde
la Manne
1072
Champcel
1018
la Valtière
Ladrellet
1012
la Boursouleyre
1008
le Boucheix
la Granjoune
1027
chez Gouny
Aulnay
Égliseneuve d'Entraygues
D 30
Lamareuge
la Grangette
la Devèze
la Morthe
PR
1021
la Grange Neuve
le Brunet
982
Gabeuf
1028
1027
les Aveix
la Pessade
948
GR4
GR30
la Tabastie
D 30 E
la Paranègre
les Chirouzes
GR30
1062
Auger
chez Jaquenor
la Bourboulaire
1062
l'Esclauzette
1033
Lac de l'Esclauze
1064
1052
la Palle
958
Montesperre
l'Esclauze
1050
Riv.
861
la Veysserette
Roche Jolie
Bellevue
Savignat
les Rib
1042
Montagne de la Rodde
chez de Vergne
la Granjoune
1040
1111
le Poujet
1027
853
0,2 C
Chanterelle
la Montagnoune
1032
Lasparet
Souvelhouse
Rhue
979
Courtilles
1039
chez de Carry
D 305
le B
1033
Cartelade
Lebessade
848
1042
Espramau
1035
Lestrade
GR4
1000
1063
Bombos
Espinassouze
1011
le Grand Jolon
le Petit Jolon
1051
la Croix Neuve
le Baquet
767
806
le Raudeau
1022
la Montagne
1049
la Chapelle
le Clos de Marvaud
la Borie d'Estaules
Margnat
1026
la Pacher
868
Riv.
le Chastelet
951
la Hutte
Vaisset
767
Grande Rhue
Roucoule
D 62
Charreyre
Lasparot
Lastauves
1056
le Jas
Roche Bec
1025
le Breuil
1011
IGN
Carte n° 2433
2434
la Borie de Pourtou
Saute Bedel
le Danfy
1032
la Loudeau
l'Inclavade
Condat
707
Marvaud
R
le Vernet
863
Coussou
la Barthe
D 536
1031
Bel Air
les Moulins
Coll.
D 536
Bonnenuit
1001
la Giraude de Marvaud
Pré Biard
la Borie Basse
Chèvre Blanche
757
D 678
707
LAC DES MOINES
836
les Roche
D 679
les Bois Grands
le Bonjon
la Vedrine
Maunes
1038
Buffiers
GR 4
la Roche Pointue
Hors GR
la Borie
812
Laquairie
Féniers
1028
les Bories
929
Abbaye de Féniers
la Pouzière

Du centre d'*Egliseneuve,* le GR 4 prend la direction de Saint-Genès Champespe, gagne la place de la maison du fromage et prend tout de suite à gauche une ruelle passant sous le foirail. Un chemin, en assez mauvais état, bordé de murets en pierres, prolonge la ruelle à la sortie du bourg et s'élève lentement (vues sur Egliseneuve). Bifurquer à gauche, monter encore pour rejoindre le plateau et tourner à droite. Le chemin bordé de murets continue sud-ouest jusqu'à l'ancienne

3 km - 45 mn - Ferme d'Auger (1 050 m)

Juste après la ferme, on quitte le GR 30 qui se dirige à l'ouest vers le lac de la Crégut.

Juste après la *ferme d'Auger,* le GR 4 monte à gauche (sud-ouest) dans les pacages (clôtures) : *bien suivre le balisage dans ce secteur, car il n'existe pas véritablement de chemins.* Longer une clôture, bifurquer à gauche vers une zone marécageuse, franchir la clôture, tourner à droite et monter légèrement pour retrouver la trace d'un vieux chemin.

Passer au-dessus de la ferme de Bellevue. Pénétrer dans un bois, s'orienter plein sud, longer la lisière, puis obliquer à gauche pour passer sous un captage et rejoindre un chemin arrivant au hameau ***Chez de Carry (1 058 m)***. Là, le GR tourne à gauche pour traverser le hameau. A la fourche prendre la petite route à droite qui va vers Espinassouze que l'on évite. Poursuivre encore à droite pour rejoindre les hameaux de la Croix Neuve, puis du Petit Jolon. Continuer tout droit et, environ 200 m après le dernier bâtiment dans la courbe, prendre un chemin à gauche entre deux haies. Ce vieux chemin décrit un angle droit, puis file sud-ouest laissant à droite le village du Grand-Jolon. On arrive au hameau de ***Vaisset*** *(ferme-auberge).*

Après un premier groupe de maisons, passer à gauche de la croix, laisser à droite la route, suivre à gauche le chemin, encaissé entre les haies, descendant sur le D 62 que l'on coupe. S'engager en face, un peu à gauche, au lieu dit belvédère de Vaisset dans une sente descendant dans un taillis. Bifurquer à droite sur une piste, puis suivre, encore à droite. une large allée de hêtres jusqu'à la ferme de la Borie de Pourtou. Descendre dans un lotissement : prendre la première rue à droite, longer un potager. Prendre à gauche, puis à droite pour rejoindre le D 679, avec lequel on entre dans

12 km - 3 h - Condat-en-Feniers (706 m) - Repère R -

Situé dans un bassin au « confluent » de la Grande Rhue, du Bonjon et de la Santoire. Au siècle dernier, ce village dut sa prospérité au commerce de la toile.

Moins célèbre que « l'Auvergnat de Paris », le marchand de toile est pourtant une des figures les plus marquantes de l'émigration des Monts d'Auvergne. Dans le dernier quart du XIXe siècle, le petit colporteur des Monts Dore, du Cézalier ou du Cantal abandonne son attirail de chiffonnier pour acheter, auprès des grossistes de Clermont-Ferrand, puis de Roubaix-Tourcoing, des pièces de drap ou de toile. D'abord en charrettes à cheval puis en voitures automobiles, plusieurs milliers de négociants quittent chaque hiver la région pour sillonner la France et même l'Algérie.

Hôtels, restaurants, ravitaillement. Gîte d'étape ouvert toute l'année. Camping. Cars. Départ de circuits pédestres balisés.

Condat
R
le Vernet
les Moulins
la Borie Basse
Coll.
Peyrelaigue
le Pré de Biard
P. de Laspeyrière
LAC DES MOINES
Hors GR
la Grange de Rispal
la Grangeoune
la Roche Pointue
Vezolet
Laquaine
Fêniers
Abbaye de Fêniers
la Montagne
les Tranchées de Laquaine
la Furee
les Montagnes
la Manicaudie
les Bois Grands
le Bonjon
chez Péreyre
Laurie
les Manicaudies
P. des Moines
les Coupes de Serre
GR 4
Serre
Pierrefitte
Péchouzou
Croix du Gros Mou
les Trois Pierres
la Barthe
la Genestière
Rochegude
Rochegude Haut
la Grge Neuve
Auliac
Peyrolet
le Meynial
Lugarde
Lugarde Haut
SUC DU CHIEN
Chaussonet
la Massugère
Falgère
Moulin Belbeix
Ronzaine
Suc de Ste-Anne
Péchelfaux
la Seppe
PR
Regheat
St-Bonnet-de-Cor
Lessard
le Pied de Poule
Carrel
la Mazoune
Soubrevèze
les Moulèdes
la Gandille
Grange Faucon
Boussou Farrat
les Bargaines
IGN
Carte n° 2434
la Grange
Maginiargue
la Griffoul
la Devèze
les Gones
le Mas
la Grange Neuve
Viale
Nastrat
St-Saturnin
S
les Gardettes
les Chazeaux
la Visade

Pour sortir de ***Condat***, descendre la grand'rue, traverser le Pont sur la Rhue, puis prendre aussitôt à droite le long de la rivière ; avant le camping, remonter sur le D 678 à hauteur de la Borie Basse.

hors GR : abbaye de Féniers

Ancienne abbaye du XIIe siècle, de l'ordre de Cîteaux.

Reconstruite au XVIIe siècle. Vierge du XVe.

S'engager à gauche dans un lotissement. A l'extrémité de celui-ci, laisser le chemin herbeux à droite. Prendre le vieux chemin le long d'une maison ; d'abord entre deux prés, il passe en bordure d'une plantation de résineux et arrive à une mare. Laisser le sentier de droite. Poursuivre sur le chemin en terre (sud-est) qui mène à la route D 16 à l'entrée de Féniers. L'abbaye se trouve à 150 m à gauche.

▶ *Provisoirement, l'itinéraire qui suit emprunte des routes en attendant la mise en place d'un nouvel itinéraire.*

Poursuivre par le D 678, franchir le pont de Laspeyrière, puis emprunter le deuxième chemin à gauche, revêtu, qui monte en lacets au hameau de Laquairie.

hors GR : 30 mn - Tranchées de Laquairie

Failles et fissures dans le socle granitique, curiosité géologique.

Emprunter vers le sud-ouest puis vers le sud-est la route qui mène à la Manicaudie. A Chez Pereyre, emprunter à gauche la route passant aux fermes des Manicaudies et continuer vers le sud jusqu'au Meynial, puis descendre sur le village de

10 km - 2 h 45 - **Lugarde** *(1 000 m)*

Épicerie, boulangerie, restaurant, cafés, hôtel, camping.
Gîte d'étape.

Devant l'église de ***Lugarde***, le GR tourne à gauche. Au calvaire, prendre à droite pour rejoindre Lugarde-Haut. Par une piste carrossable, on gagne le pont enjambant la voie ferrée. Le chemin passe à droite du pacage, puis rejoint la route : ne pas franchir la voie ferrée, mais suivre la route jusqu'à Regheat. Poursuivre par un chemin carrossable vers la Devèze. 100 m avant cette ferme, s'engager sur le chemin de gauche, entre murets, puis en lisière de bois. On passe sous une ligne électrique, près de la ferme des Gones.

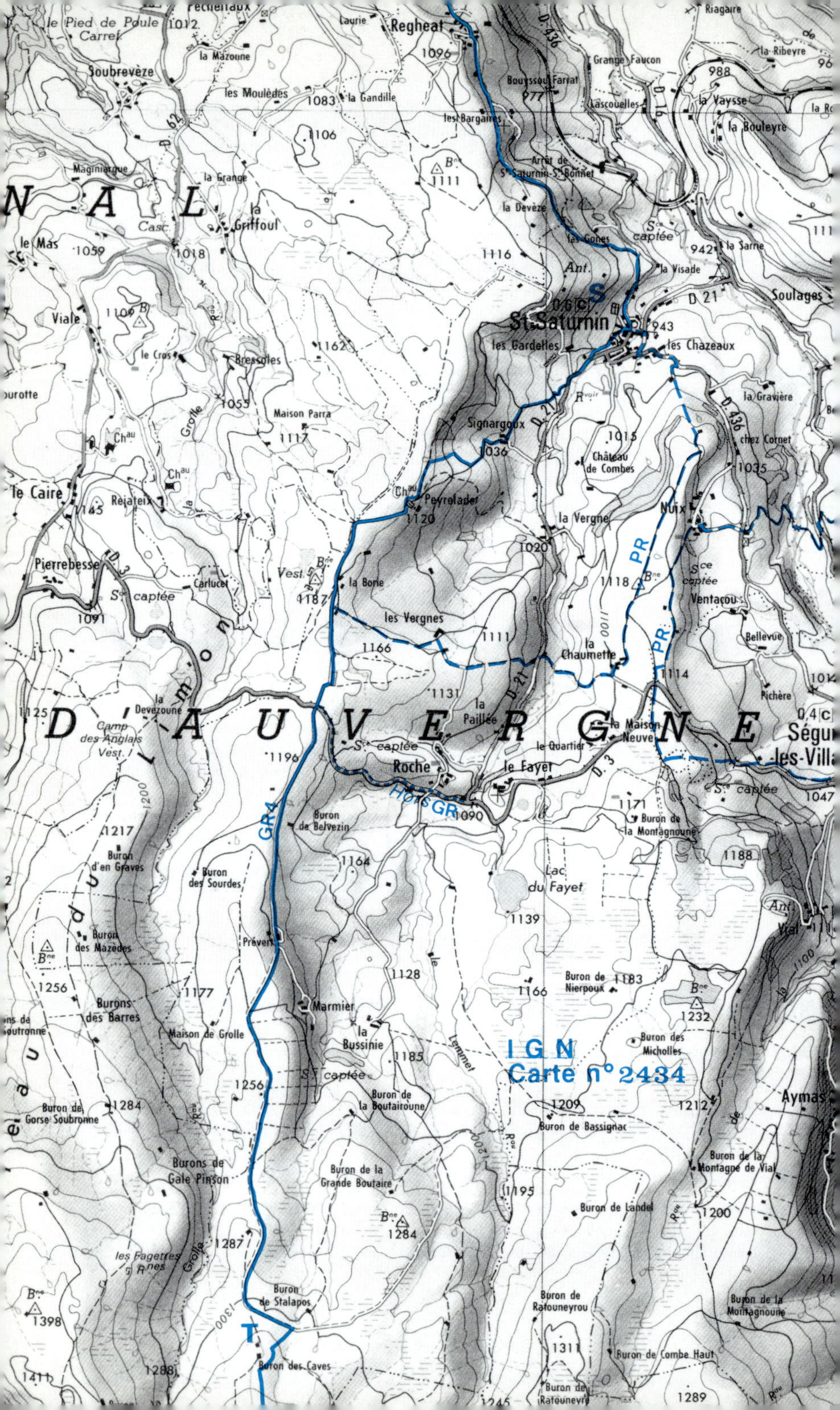
IGN
Carte n° 2434
GR4
Hors GR
PR
S
T
St-Saturnin
Regheat
Soubrevèze
le Pied de Poule
Carref.
la Mazoune
les Moulèdes
la Gandille
les Bargaires
Bouyssou Farrat
Grange Faucon
Lascouelles
la Vayssé
la Bouleyre
la Ribeyre
Riagaire
Arrêt de St-Saturnin-St-Bonnet
la Devèze
las Gones
la Visade
la Sarrie
Soulages
les Gardelles
les Chazeaux
la Gravière
chez Cornet
Signargoux
Château de Combes
Peyrolade
la Vergne
Nuix
Ventacou
Bellevue
Pichère
la Borie
les Vergnes
la Chaumette
la Paillée
Roche
le Quartier
la Maison Neuve
le Fayet
Maginiargue
la Grange
la Griffoul
le Mas
Viale
le Cros
Bressoles
Maison Parra
le Caire
Réjateix
Pierrebesse
Carlucet
la Devezoune
Camp des Anglais
Buron de Belvezin
Buron d'en Graves
Buron des Sourdes
Buron des Mazedes
Prévert
Marmier
la Bussinie
Burons des Barres
Maison de Grolle
Buron de la Boutairoune
Buron de Gorse Soubronne
Burons de Gale Pinson
Buron de la Grande Boutaire
Buron de Stalapos
Buron des Caves
les Fagettes
Lac du Fayet
Buron de Nierpoux
Buron des Micholles
Buron de Bassignac
Buron de Landel
Buron de Ratouneyrou
Buron de Combe Haut
Buron de Ratouneyre
Buron de la Montagnoune
Buron de la Montagne de Vial
Aymas
Vial
Ségur-les-Villas
Buron de la Montagnoune
Lemmet
D 436
D 16
D 21
D 3
D 62
N A L
D' A U V E R G N E
V a l l é e d u L i m o n

A la croix, le GR 4 suit à droite un chemin descendant à

5 km - 1 h 15 - Saint-Saturnin (943 m) **- Repère S -**

Du nom de Saturninus, évêque de Toulouse, martyrisé en 257. Intéressant témoignage de la pénétration médiévale des influences aquitaines dans le massif cantalien. L'église présente un chœur et un transept roman du XIIe siècle, prolongés par une nef gothique.

Épicerie, cafés, dépôt de pain, poste, camping, hôtel-restaurant.

Dans ***Saint-Saturnin,*** au carrefour, à droite, passer devant l'ancien couvent situé dans le haut du bourg. Continuer le chemin carrossable pour rejoindre le D 21 : suivre celui-ci sur 200 m. S'engager à droite dans un large chemin herbeux puis caillouteux. Après 500 m, bifurquer à gauche. Le chemin, bordé de deux murets, traverse des pacages avant de rejoindre la ferme de Signargoux. Dépasser une grange neuve et monter par une piste à ***Peyrelade*** *(fabrication de Saint-Nectaire).* Passer derrière le château, puis suivre son chemin d'accès. Emprunter ensuite à gauche (sud) la route jusqu'au carrefour avec la

4 km - 1 h 10 - Route D 3 (1 162 m)

hors GR : 20 mn - Pont de la Roche

Café-auberge.

Emprunter le D 3 à gauche.

Le GR 4 se poursuit au sud, gagne la ferme de Prévert. Après celle-ci, continuer dans la même direction par la piste carrossable sur 3 km. Celle-ci s'oriente au sud-est pour arriver près des

Burons de Stalapos *(situés sur la gauche)* **- Repère T -**

Le plateau du Limon

Le plateau du Limon est une vaste coulée volcanique, table triangulaire dégagée par l'érosion et comprise entre petite Rhue et Santoire et Impradine qui a donné des sols très riches, qui portent aujourd'hui des « montagnes » prospères et de nombreux burons en ruines. En fait, le Limon couvert de forêts fut défriché et drainé dès la fin du XIIe siècle par les moines cisterciens d'Aubazine en Limousin et leurs frères convers, installés grâce aux libéralités des seigneurs de Dienne dans le domaine agricole dit « grange de graule », situé entre Cheylade et Dienne, qui fut abandonné après la guerre de cent ans, et dont il ne reste aujourd'hui que des ruines. Après avoir édifié et mis en valeur leur domaine du Limon, les religieux s'étaient fait « les maîtres d'œuvre » de l'église de Dienne qui, malgré les dommages subis entre autres pendant les guerres anglaises, est restée l'un des plus beaux spécimens de l'art roman en Haute Auvergne.

Les burons

*Le mot français buron n'apparaît dans les textes que dans la première moitié du XVII*e *siècle et se trouve alors indifféremment employé avec ceux de mazuc ou fogal, puis il les élimine définitivement vers la fin du siècle.*

*Les nombreux burons qui parsèment encore les hauteurs du massif cantalien constituent un des éléments essentiels du paysage. Rappelant la forme des fours à pain ou de certaines petites chapelles, ils servent souvent, dans la montagne, de points de repère au randonneur. Témoins d'une vieille tradition pastorale que l'on perçoit dans les textes depuis le XIII*e *siècle, la plupart de ceux qui ont survécu ne remontent pas, semble-t-il, au-delà du XVIII*e *siècle. La plus ancienne mention de burons relevée jusqu'ici est datée de 1265. Elle concerne une redevance qui sera levée sur chaque cabane à fromages nouvellement construite dans la région de St-Martin-sous-Vigouroux. Aux siècles suivants, outre le mot cabana, on emploie aussi pour désigner ces petits bâtiments le mot fogal, qui montre qu'ils disposaient d'une cheminée puis, ensuite et surtout, celui de mazuc, et parfois trac.*

Dans certaines montagnes, les mazucs pouvaient être « remués », c'est-à-dire changés de temps en temps de place. A la montagne des Chazes, près du Griou, un accord de 1570 prévoyait qu'ils ne pouvaient l'être que tous les dix ans, et seulement à trois emplacements déterminés. Par contre, à Albepierre, à la montagne de la Jouhanial, il était interdit de les « remuer » ou de les « fere ailheurs ».

extrait du PR « Volcan cantalien »
Editions CHAMINA

Myrtille
Vaccinium myrtillus
(blanc bordé de rose)

Gentiane jaune

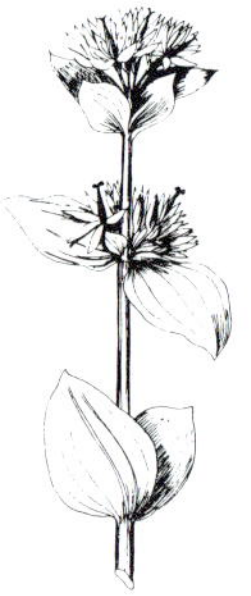

Le massif du Cantal

Dans les monts d'Auvergne, le massif du Cantal a une place toute spéciale. Avec 2 700 km², plus de 50 km de diamètre, c'est le plus vaste édifice volcanique unitaire de toute l'Europe... Sans compter d'autres plateaux qui forment comme des satellites de la montagne principale : le Cézalier, l'Aubrac.

Un survol aérien du massif cantalien permet d'admirer un magnifique paysage, montagnard au centre, adouci en longues planèzes vers tous les points de l'horizon.

Le Haut Cantal est une sorte de bastion où se pressent les plus hauts sommets. Un grand nombre d'entre eux dépassent 1 600 m — le Griou, Bataillouse, Peyre-Arse —, certains atteignent 1 700 m et plus — Chavaroche, le puy Mary — et même 1 850 m — le plomb du Cantal. C'est probablement entre le puy Mary et le puy Griou qu'on doit placer le centre idéal du plus vieux volcan : en traçant une sorte de cercle d'une dizaine de kilomètres de rayon, on enfermerait à l'intérieur un nombre considérable de pyramides, de bosses, d'arêtes rocheuses émergeant des herbages pastoraux et des forêts de hêtres. De profondes vallées rayonnent dans toutes les directions : du puy Mary le spectacle est impressionnant de cette fuite des vallées glaciaires hors du donjon central.

Puis, vient le Cantal des planèzes, au relief adouci et progressivement élargi en forme de triangle, entre les vallées. Telle est la grande planèze de Saint-Flour entre l'Alagnon et le Goul, mais il en existe bien d'autres, de taille variée : plateau du Limon, planèze de Trizac, planèze de Salers. Ce sont là les plus beaux terroirs au plan de l'agriculture. Ils ont été aux origines même d'un très vieux peuplement, très tôt débarrassé des forêts initiales. Les sols sont profonds, souvent fertiles. On a pu y cultiver des céréales avec succès jusque vers 1 000 à 1 100 m d'altitude et, immédiatement au-dessus, en continuité topographique, établir des « montagnes » pastorales.

Dans ce vaste ensemble de sommets, de planèzes et de vallées, c'est le secteur de l'ouest qui s'est trouvé le plus favorisé lors de l'orientation de l'économie vers l'élevage. Il y a à cela deux raisons. L'une est purement physique et tient à la forte pluviosité du Cantal occidental : nulle part l'herbe ne pousse mieux que sur ce versant. L'autre raison est plus subtile et concerne la vie de relations.

A. Fel
Le Massif Central
édition Flammarion

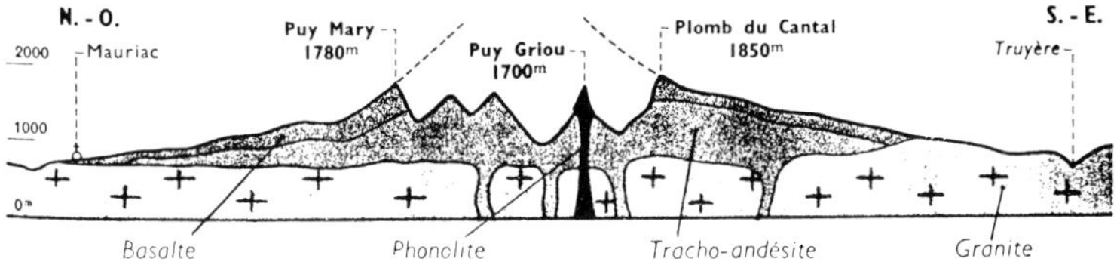

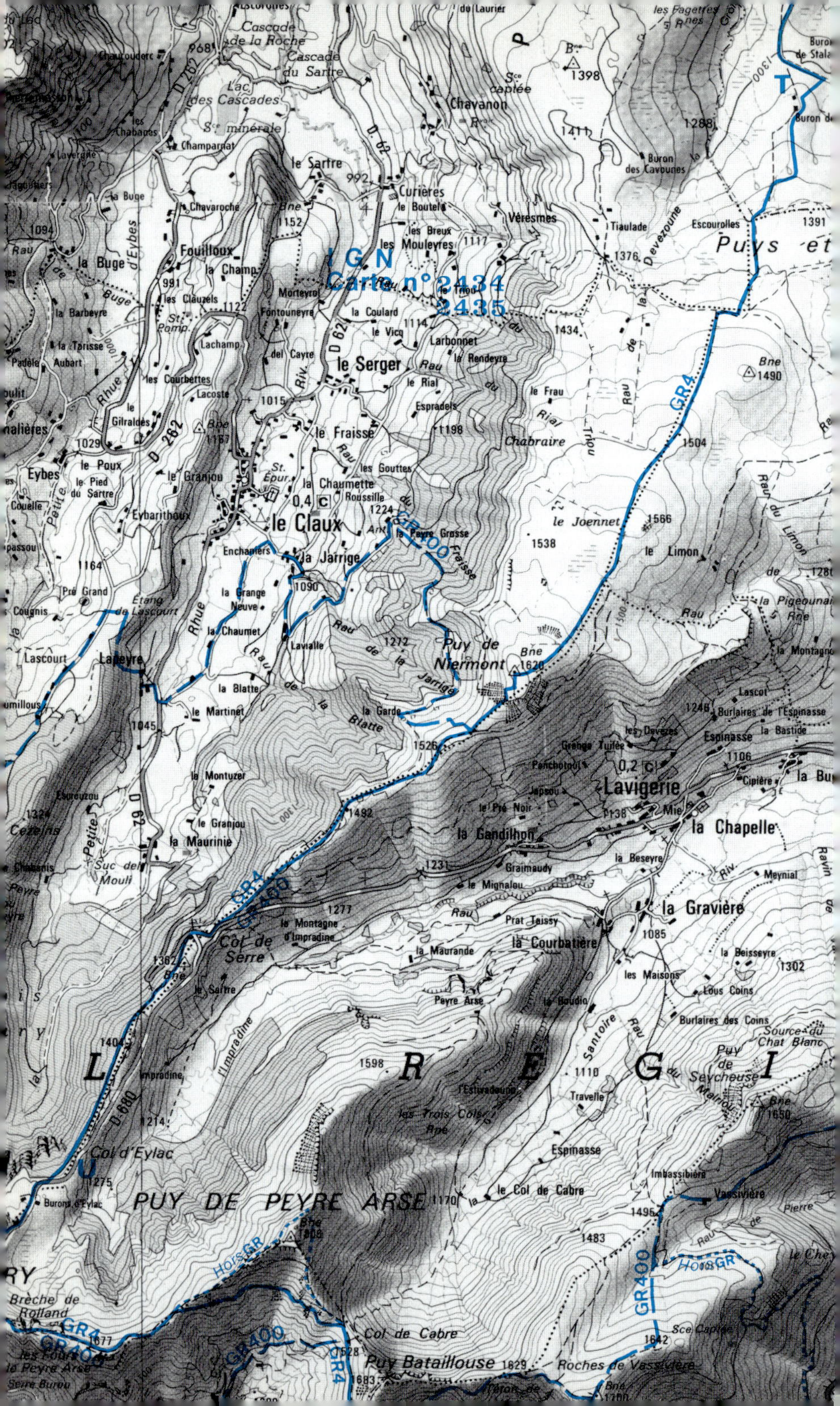
IGN
Carte n° 2434
2435
GR4
GR400
Hors GR
Cascade de la Roche
Cascade du Sartre
Lac des Cascades
Chavanon
le Sartre
Curières
Véresmes
Tiaulade
Escourolles
Puys et
Fouilloux
la Buge
le Serger
le Fraisse
le Claux
la Jarrige
Chabraire
le Joennet
le Limon
Puy de Niermont
Lavigerie
la Chapelle
la Gandilhon
la Gravière
la Courbatière
Col de Serre
Col d'Eylac
PUY DE PEYRE ARSE
L R E G I
Col de Cabre
Puy Bataillouse
Roches de Vassivière
Brèche de Rolland
Vassivière
Puy de Seycheuse
Source du Chat Blanc
Eybes
Lascourt
Lapeyre
la Maurinie
Espinasse
Imbassibière
le Col de Cabre
Peyre Arse
les Trois Cols
Burons d'Eylac

Avant les ***burons de Stalapos,*** le GR quitte la grande piste pour franchir une chicane dans la clôture de droite et il contourne ensuite par la gauche les burons des Caves. A partir de là, le GR passe plusieurs fois des chicanes et longe des clôtures en direction sud-ouest. On passe à proximité du buron d'Escourolles. Continuer le long d'une clôture à gauche, sur 3 km jusqu'au ***Puy de Niermont (1 620 m).***
Du puy de Niermont, le GR descend au sud-ouest dans les éboulis *(zone difficile en estive, prudence !)* jusqu'à un

11,5 km - 3 h 30 - **Col non dénommé** *(1 520 m)*

marquant la jonction avec le GR 400.

Par le GR 400 : 1 h 15 - le Claux (1 050 m)

Hôtels, restaurants, café, ravitaillement, camping. Cars.
Gîte d'étape, ouvert toute l'année.

Le GR 4 continue sur la crête (sud-ouest) pour descendre au

3 km - 45 mn - **Col de Serre** *(1 335 m)*

Café-restaurant.

Couper la route, passer derrière le café-restaurant et traverser une prairie dominant les bois Mary. Descendre en suivant la crête jusqu'à la route (D 680), continuer à droite de celle-ci pour atteindre le

2,5 km - 40 mn - **Buron d'Eylac** *(1 423 m)* **- Repère U -**

situé dans un grand cirque, au pied du puy Mary, en contrebas du pas de Peyrol.
Gîte d'étape, ouvert toute l'année.

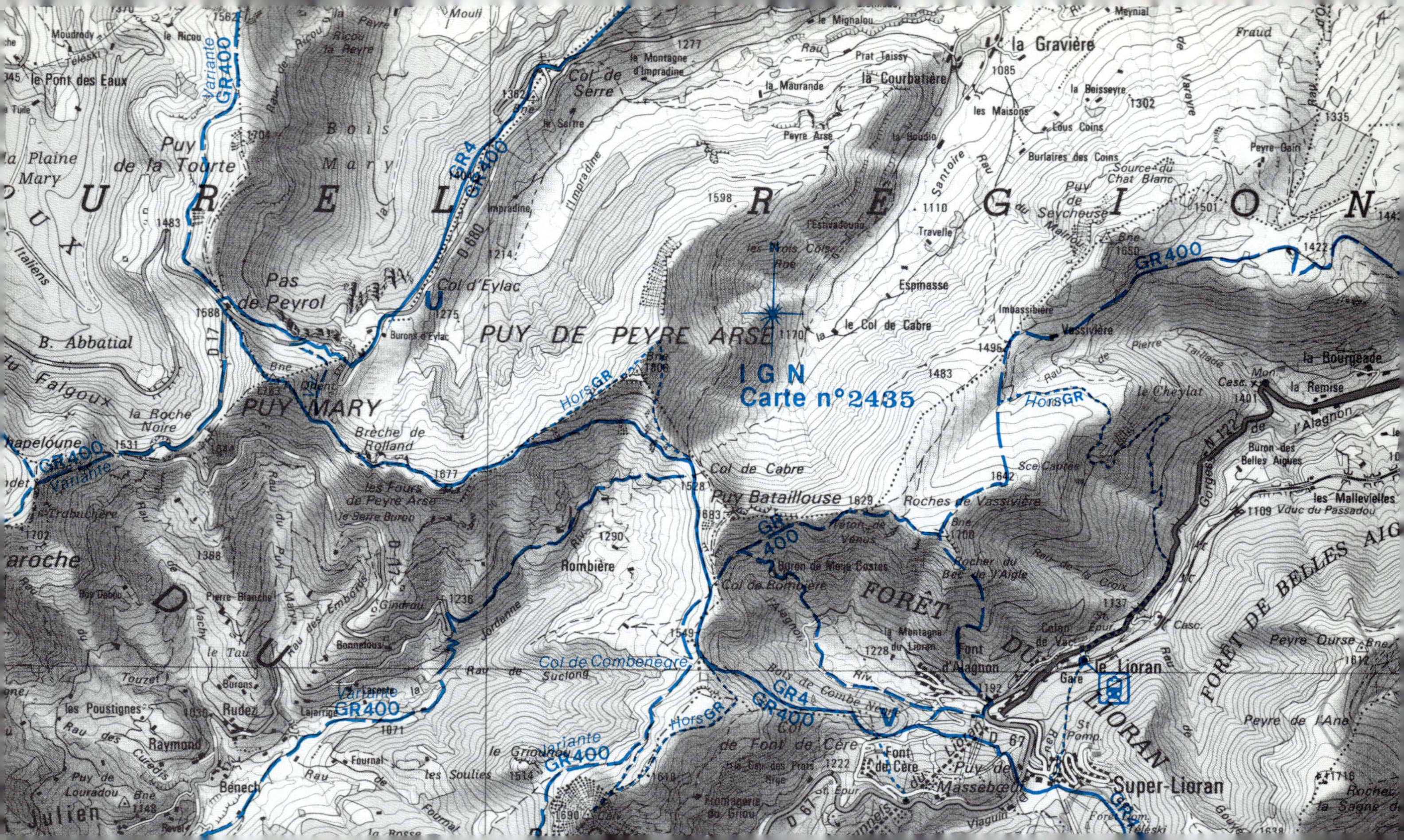
PUY DE PEYRE ARSE
IGN
Carte n°2435
PUY MARY
Pas de Peyrol
Col d'Eylac
Brèche de Rolland
Col de Cabre
Puy Bataillouse
Roches de Vassivière
FORÊT DU LIORAN
FORÊT DE BELLES AIG
Le Lioran
Super-Lioran
Col de Combenegre
Col de Font de Cère
Font de Cère
Puy de Massebœuf
Col de Serre
Puy de la Tourte
Puy de Seycheuse
la Gravière
la Courbatière
Vassivière
la Bourgeade
Rombière
GR400
GR4
Variante GR400
Hors GR

Du ***buron d'Eylac,*** le GR 4 suit le D 680 vers le sud-ouest jusqu'à l'extrémité de l'épingle à cheveux, puis il emprunte l'ancienne voie romaine passant au-dessus de cette route.

> ***Variante pour rejoindre la ligne de crête*** avant la brèche de Rolland sans passer au pas de Peyrol, ni au puy Mary :
>
> Ne pas retraverser le D 680, mais monter à gauche (sud) sous le puy Mary par un sentier qui rejoint la ligne de crête au pied du puy.

Le GR 4 traverse le D 680, et, par l'ancienne voie romaine, passe en contrebas de cette route pour monter au

1,5 km - 25 mn - Pas de Peyrol (1 588 m)

Café, restaurants.

Le Pas de Peyrol au pied de la butte terminale du Puy Mary, a toujours été un lieu de passage, mais le tronçon de route qui l'unit à Aurillac par la vallée de la Jordanne n'a été ouvert qu'en 1937. Le col est impraticable de novembre à juin. Les plaques de neige qui subsistent couramment jusqu'à la fin juillet un peu après le col, sur le flanc nord du Puy Mary, audessus du tronçon de route qui descend vers Murat, « témoignent de l'âpreté du milieu ».

Du col lui-même, le panorama s'ouvre dans deux directions : au nord la vallée de Cheylade, au fond plat caractéristique, bordée à l'ouest par le Puy de la Tourte et une ligne de hauteurs qui rejoignent la Font-Sainte, et à l'est par les grands espaces du plateau du Limon, au premier plan le col d'Eylac et la vallée de l'Impradine dominée par le Peyre-Arse, au sud enfin Roche-Noire en forme de tétraèdre, puis la route qui disparaît au col de Redondet dominée par la Chapeloune et le puy Chavaroche.

Du ***pas de Peyrol,*** le GR 4 monte par la grande trace caillouteuse au

0,7 km - 30 mn - Puy Mary (1 783 m)

Descendre par l'arête sud-est et suivre la ligne de crête par un bon sentier muletier, franchir la ***brèche de Rolland.***

Entaillant la ligne des crêtes qui réunit le Puy Mary au Peyre-Arse, le col du Pourtou ou du Pourtarou (portail ou petit portail), curieusement rebaptisé d'un nom à réminiscence pyrénéenne, met en communication le cirque de l'Impradine avec celui moins net de la Haute Jordanne. Il est constitué par deux couloirs profonds et chaotiques apposés bout à bout. Au nord prend naissance un torrent qui dévale vers l'Impradine. Au sud, moins raide, véritable adret ensoleillé, naît un ruisseau affluent de la Jordanne. Ces deux couloirs constituent par leur situation géographique « un merveilleux refuge naturel où se trouvent réunis, à l'instar d'un jardin botanique, les éléments les plus caractéristiques des hauts sommets du Massif Central ».

Continuer en crête ; laisser un sentier qui monte vers le Puy de Peyre-Arse (1 806 m) pour redescendre sur la droite en décrivant une grande courbe qui amène au

5 km - 1 h 30 - Col de Cabre (1 528 m)

Col de Cabre (1 528 m)

Le col de Cabre, l'un des cols les plus élevés du Massif (1 539 m), qui s'ouvre entre Peyre Arse et Bataillouse, est aussi l'un des plus larges et des plus abordables. Aussi jusqu'au XVIIIe siècle une grande voie a-t-elle emprunté ce passage pour traverser le Cantal et unir la vallée de la Jordanne à celle de la Santoire. C'était au Moyen Age un « chemin pavé », un « chemin royal public ». Cette voie fut abandonnée au XVIIIe siècle au profit de la nouvelle route passant par le col du Lioran. Néanmoins à la fin du XIXe siècle, elle servait encore aux gens de Dienne pour aller à Mandailles à cheval ou avec les chars.

Actuellement à demi-effacée elle n'est guère visible au sommet du col, mais en redescendant vers Mandailles on la retrouve le long de la Jordanne, où l'on rencontre encore certaines portions bien pavées et largement dessinées.

Le mot cabra, cabro désigne la chèvre en dialecte auvergnat.

Le GR 4 continue de niveau, passe sous le puy ***Bataillouse*** (1 683 m) et atteint le

1 km - 15 mn - Col de Rombière (1 550 m)

hors GR : 1 h 15 - gare du Lioran (1 150 m)

Au col de Rombière, *prendre le GR 400* à gauche, puis, peu après, descendre vers le buron de Meije Costes et gagner le fond du cirque en suivant la rive droite de l'Alagnon, couper une petite route et descendre vers le D 67 qui mène à gauche à la gare SNCF du Lioran.

Du col de Rombière, le GR 4 continue le long d'une échine rocheuse pour arriver sur une clôture *(un panneau en contrebas à droite indique col de Rombière).*

hors GR : 1 h - Puy Griou (1 694 m)

Bien que son altitude ne soit que de 1 694 m, le Puy Griou par sa position isolée et ses pentes raides a une allure imposante. De formation phonolitique, comme ses voisins le Griounou et l'Usclade, il domine directement de 700 m le fond de la vallée de la Cère.

Son nom, ce qui est rare, apparaît dans les textes dès le Xe siècle. C'est alors le Mons Greo. On a pensé que ce nom pouvait venir du bas latin grevis : dur, pénible ou encore de la racine préindo-européenne, cara, gara, qui évoque toujours la présence de la pierre et qui a permis aux linguistes d'expliquer l'origine de noms comme ceux du Pic de Ger ou de la Crau.

Ne pas franchir la clôture : la longer sur la droite pour passer sur un mamelon, redescendre et prendre à droite à flanc de montagne un bon sentier qui conduit au pied du Puy. La montée se fait par une trace raide sans difficulté particulière. *Attention néanmoins aux chutes de pierres.*

La descente s'effectue par la même trace, mais au pied, ne pas reprendre le chemin de l'aller : monter au nord-est vers la cote 1618 et, en crête, gagner le col de Combenègre après avoir effectué une boucle à gauche en descente *(compter 45 mn de descente jusqu'au col de Combenègre).*

Le GR 4 franchit la clôture et descend sur le col de ***Combenègre*** *(1 530 m, non indiqué sur le terrain) — arrivée du téléski de la Font d'Alagnon, à l'orée de la forêt.*

Commencer à descendre une piste de ski récente, puis obliquer aussitôt à gauche dans l'ancien chemin. On rejoint la piste à mi-chemin pour descendre assez raide sur le

2 km - 30 mn - Col de Font de Cère *(1 289 m)* - Repère V -

Ce col est un point géographique important du département. Il forme la ligne de partage des eaux des deux bassins de la Garonne et de la Loire. En effet les sources de la Cère dont les eaux aboutissent à la Garonne, et celles de l'Alagnon qui rejoignent la Loire, se trouvent à quelques centaines de mètres des deux côtés du col.

Face au sentier qui à ce point se dirige vers le plomb du Cantal, perpendiculairement au col, à droite se trouve le Puy Lioran ou Massebœuf (1 368 m), sous lequel passent les tunnels routier et ferroviaire, qui unissent les deux vallées et mesurent respectivement 1 387 m et 1 956 m.

Jusqu'à la mise en service du tunnel routier (1847), la route passait par Font-de-Cère et Font d'Alagnon et était difficilement praticable en hiver entre le Lioran et Saint-Jacques.

Café-restaurant.

hors GR balisé - 10 mn - Village vacances Val

Gîte d'étape. Restaurant.

Du col, suivre le téléski de Font de Cère, puis descendre jusqu'au village vacances.

***Attention !** dans tout le secteur du Lioran, jusqu'à Prat-de-Bouc, l'itinéraire est susceptible de modifications en fonction de travaux d'aménagements fonciers.*

Au col de ***Font de Cère,*** en arrivant sur la petite route (piste impériale), le GR 4 prend à gauche, puis aussitôt la trace qui descend à gauche dans les bois pour déboucher à nouveau sur la piste impériale.

hors GR : 20 mn - gare du Lioran

Descendre à gauche en suivant la bretelle du GR 400 par la Font d'Alagnon.

Le GR remonte sur 200 m cette piste goudronnée, puis, dans une épingle à cheveux, il suit en face la piste Nicolas. On atteint la station de

1,5 km - 20 mn - Super-Lioran *(1 238 m)*

Hôtels, restaurants, camping possible au PAJ (s'adresser à la FAL juste derrière la patinoire, en descendant de la passerelle sur la prairie à droite). Syndicat d'initiative.

Gare SNCF à 15 mn en suivant le téléski de la gare.

IGN Carte n° 2435
Col de Combenègre
Variante GR400
GR4
GR400
Hors GR
Col de Font de Cère
Font de Cère
Puy de Massebeuf
Le Lioran
Gare
Super-Lioran
Font d'Alagnon
Puy Griou
les Chazes
Veyrière
Saguissouze
Vduc de Saguissouze
les Gardes
Vduc de Delbarat
Couperie
St-Jacques-des-Blats
PLOMB DU CANTAL
Téléphérique
Pas des Alpins
Puy du Rocher
Rocher de Chamalière
Cirque de Chamalière
les Prés Marty
Col de la Tombe du Père
Puy Brunet
Col de la Pourtoune
Bois del Bert
Puy de la Cède
Puy de Grandval
Puy Gerbel
Col de Prat de Bouc
Prat de Bouc
Puy de Prat de Bouc
Puy de la Jambe
le Pas de Bœuf
Cascade des Vergnes
le Creux de Forêt
la Molède
Col de la Molède
Puy de la Molède
Chameirol
Peyre de l'Ane
Peyre Ourse
l'Aiguillon
Rocher de la Sagne du Porc
Bois des Carbonnières
FORÊT DOMANIALE DE MURAT
FORÊT DU LIORAN
CANTAL
D'AUVERGNE

Super-Lioran *(1 238 m)*

La station du Super-Lioran fait partie des grandes réalisations d'aménagement touristique entreprises par le département du Cantal. Située dans la clairière de la prairie des Sagnes parmi les sapins, cette station offre 60 km de pistes skiables réparties sur les flancs du Plomb du Cantal auxquelles s'ajoutent un certain nombre de pistes de ski de fond.

A ***Super-Lioran***, le GR 4 traverse la prairie ouest-est, laisse en face la large piste herbeuse du « Remberter » pour prendre légèrement à gauche dans les bois la piste familiale qui monte (raide) jusqu'à une plateforme au-dessus de la forêt où se trouvent d'anciens burons. Continuer par la piste étroite « la Roche », déboucher sur la grande piste « des Alpins » qui monte par de grands lacets jusqu'au pas des Alpins sur la crête d'où l'on rejoint la gare supérieure du téléphérique *(café-restaurant)*. De là, poursuivre jusqu'au

4,5 km - 2 h - Plomb du Cantal (1 855 m)

Le plomb du Cantal a donné son nom au département formé par l'ancienne Haute-Auvergne.
On a beaucoup discuté sur l'origine de la signification de ce nom. On pense que le mot Plomb *serait une corruption du mot* pomum : pomme, pomeau, ce qui convient à la forme arrondie de son sommet. *Quant au mot* Cantal *les philologues y retrouvent la racine celtique* cant : *brillant.*
C'est une butte basaltique arrondie, il a comme satellite le Puy du Rocher au nord, le Cantalou et le Puy Brunet au sud.

Redescendre vers le sud-est, au pied de l'excroissance qui forme le plomb du Cantal, *laisser à droite le GR 400 qui continue sur la ligne de crêtes vers le puy Brunet.* Le GR 4 descend à gauche (orientation sud-est) vers le ***col de la Tombe du Père (1 586 m).***

Ce col doit son nom, selon la tradition, à un Père Récollet de Murat qui y serait mort sous la neige et qui y fut ensuite enseveli. C'est un lieu de passage favori des pigeons ramiers lors de leurs migrations d'automne des pays scandinaves vers l'Espagne.

Du col de la Tombe du Père, obliquer à l'est pour continuer à descendre sur le flanc de la montagne et atteindre le

3 km - 50 mn - Col de Prat-de-Bouc (1 396 m) - **Repère W** -

Les herbages qui s'étendent au-dessus du col de Prat-de-Bouc sur les flancs du Cantal, et où se pratiquait autrefois la transhumance des moutons venus du Quercy, ne sont plus utilisés comme pâturages. Transformés en vastes champs de skis, ils sont équipés de remontées mécaniques et constituent l'un des atouts majeurs de la station de Super-Lioran implantée sur l'autre versant et avec qui ils communiquent par un téléphérique.
Prat-de-Bouc est aussi un col de migration d'importance nationale que plus de dix millions d'oiseaux empruntent chaque année.

Café-restaurant. Gîte d'étape. Foyer de ski de fond.

IGN
Carte n° 2435-2535
GR4
GR400
Albepierre-Bredons
DOMANIALE DE MURAT
Col de Prat de Bouc
Prat de Bouc
Puy de Prat de Bouc
Lescure
Brageac
Le Ché
Maniargues
Malevieille
Loubizargues
St-Maurice
Prathuron
Toursou
Chalmagne
Pédemont
Jarrioux
N. D. de la Visitation
N. D. de Pitié
Bois des Pouzes
Bois des Fraux
B. des Fraux
la Gardille
Roche Jean
Puy de Niermont
Vacherie de Niermont
Puy des Eschamps
les Eschamps
Belinay
la Sagnette
la Combe
la Verniousse
le Frau
le Frau-Bas
le Frau Haut
les Emillards
les Combes
Chambeyrac
le Pré de la Grange
Gazel
la Montagne de Chairol
la Montagnoune
les Sarlous
les Barthes
les Rodes
les Places
le Pas de Bœuf
Cascade des Vergnes
le Creux de Forêt
le Serre
les Prés Longs
les Trois Pierres
Anc. Moulin
la Molède
le Pré Grand
Bonet
le Joaniol
la Cocarderie
Chamalière
Rocher Chamalière
le Cantal
Téléski
le Bourg-Haut
le Bourg-Bas
Puy de la Jambe
Vacherie de la Jambe
Prat de Bouc
Riv. St. Pomp.
Burons de la Mouche
Puy de la Belle Viste
Vacherie de la Combe de la Saure (Rnes)
la Montagne de Pleau (Rnes)
Vacherie de la Belle Viste
Livernade
Entrecher
Lagarde Fme
Chp du Cheir
Levers
D 39
D 134
D 16

A ***Prat-de-Bouc,*** le GR 4 emprunte à droite le D 39 sur quelques mètres, puis monte à gauche vers le puy de Prat-de-Bouc (1 524 m) que l'on contourne par la droite (sud) en suivant d'abord un chemin caillouteux, puis une trace herbeuse qui se dirige plein est en suivant des clôtures. On passe au-dessus des burons de Bourg pour traverser le vaste mamelon que forme le ***Puy de Niermont (1 493 m).*** Continuer à suivre la trace balisée qui longe des clôtures pour redescendre et trouver un bon chemin, toujours vers l'est, qui arrive à

8 km - 2 h - Lescure-Haut (1 200 m) - Repère X -

Le village de Lescure est le siège d'un des pèlerinages les plus connus de la Haute-Auvergne, au début du XVIIIe siècle.

Relais d'étape.

En face de l'église de ***Lescure-Haut,*** le GR 4 emprunte à droite une route descendant à Lescure-Bas. De là, gagner Brageac. A l'entrée de ce hameau, prendre vers le nord-est une piste qui, plus loin, décrit une boucle vers le sud et atteint Galuse (1 094 m). Là, suivre la route à gauche sur 500 m et, juste avant un grand bâtiment d'élevage, s'engager à droite sur un vieux chemin longeant des clôtures pour arriver à

5 km - 1 h 15 - Valuéjols (1 064 m)

Eglise des XIVe et XVe siècles, remarquable Christ en croix de tradition romano-byzantine, chaire en pierre sculptée XVIe, stalles, statues.

Hôtel, restaurants, cafés, gîte d'étape au centre d'accueil communal, ravitaillement, car.

La planèze

La planèze est le plus étendu des plateaux basaltiques qui entourent le massif cantalien. C'est un plateau triangulaire dont la pointe se situe à la base du Plomb du Cantal. Ses deux côtés sont délimités par les profondes vallées de l'Alagnon et du Brezons. La base beaucoup moins nette s'étend approximativement de Massiac à Pierrefort en passant par St-Flour. Sur ces vastes étendues monotones se détachent quelques rares buttes isolées comme celle de Tanavelle alors que les dépressions peu accusées se différencient surtout par un aspect plus verdoyant dû à quelques frênes.

Autrefois, la planèze était souvent appelée le grenier de la Haute-Auvergne. C'est la terre fertile que l'on se dispute car plus riche que tous les autres plateaux issus du Plomb. Moins humide qu'eux, elle n'a pas leurs immenses pâturages, en revanche son orientation lui vaut une relative sécheresse favorable aux cultures de seigle, de sarrazin et de lentilles.

« La Maison rurale en Haute-Auvergne »
éditions Créer

IGN
Carte n° 2535
GR4
X
Y
Ussel
Valuéjols
Luc
Laveissenet
Molède
Loubizargues
Malevieille
Lescure
Brageac
Galuse
Nouvialou
Nouvialle
Liozargues
St-Maurice
Perret
Chambon
la Chaumette
Chambeyrac
Frippès
Jarrioux
Pédemont
la Serre
Levers
Rivet
les Plots
Latga Soutro
le Moulin de l'Ausel
la Cham de Coltines
Aérodrome de St-Flour-Coltines
le Puech de Luc
les Fournels
la Montagne
Chante-Alouette
les Ch^ps Roudaris
Font de Maronne
Dauzanne
la Gardille
N. D. de la Visitation
T. de Sports
D 926
D 14
D 16
D 34
D 134
D 216

Le GR quitte ***Valuéjols*** par le D 34 direction Paulhac, puis il s'engage aussitôt dans une ruelle sur la gauche le long d'un grand bâtiment. Le chemin oblique à gauche pour arriver aux abords d'un carrefour routier : prendre à droite le D 16 sur 300 m, et à la première fourche (croix) suivre à gauche la voie communale qui mène à Nouvialou. Couper une petite route en contrebas et continuer en face sur un grand chemin. Au premier carrefour, prendre à droite, passer à gauche d'une grange, et, par un chemin orienté plein est, rejoindre le D 216. On gagne

Liozargues - **Repère Y** -

Au milieu du village ***de Liozargues*** à la boîte postale, prendre à droite le chemin gravillonné. Après le pont, passer sous la ligne EDF et s'engager à gauche dans le chemin de terre en contrebas d'une ferme que l'on suit sur environ 600 m pour déboucher sur une large piste. L'emprunter à gauche pour rejoindre le D 216; descendre à droite cette route sur 300 m. Franchir le Pont des Landes et remonter aussitôt après un chemin à gauche qui domine la rivière de l'Ander. Juste avant la ligne haute tension, quitter la rivière pour monter à droite par un vieux sentier bordé de murets, sous taillis; on rejoint une piste sablonneuse; la suivre à droite.

Couper le D 926, traverser le hameau de Mons; après le château d'eau, bifurquer à droite et, par une piste carrossable atteindre,dans le ***bois de Chante-Milan,*** un

11,5 km - 2 h 45 - Carrefour (cote 907 m)

jonction avec un sentier PR vert pouvant servir de variante au GR

Variante : 2 h 15 - Saint-Flour

Suivre le sentier PR balisé en vert passant par Roffiac.

*A **Roffiac :** ancien château de Belcastel réduit à une tour ronde à mâchicoulis et à un pan de mur d'enceinte, ancienne chapelle castrale d'époque romane devenue église paroissiale, croix gothique avec effigie de Saint-Gal.*

Donc, au carrefour avec le sentier PR vert, le GR bifurque à gauche. Le chemin suit d'abord la lisière des prés, puis pénètre dans le bois du Saillant et s'oriente au nord pour descendre jusqu'à la voie ferrée qu'il franchit sur un pont. On atteint le D 404, à la hauteur du ***Saillant***.

Le Saillant est dominé par son château aux six tours, réédifié au XVIIIe siècle et fortement restauré au XIXe. Les deux ruisseaux qui contournent le promontoire basaltique se réunissent à ses pieds pour former la cascade du Basborie.

Emprunter le D 404 à droite, descendre vers la partie basse du hameau. Au premier carrefour, prendre la D 40 à gauche. Puis encore à gauche au deuxième carrefour pour arriver au village d'***Andelat (855 m).***

GR4
Variante
Carrefour 907
ST-FLOUR
Roffiac
Andelat
le Saillant
Mons
Rivet
Liozargues
Maserat
Vedernat
Fraissinet
Coren
Roueyre
Besserette
Z.I. de Montplain
Sebeuge
la Cham
la Cham de Coltines
les Peschiers
la Combe
le Gour
la Borie
Ferval
Gaymond
le Rochain
Colsac
les Clauzels
les Volpilières
le Rosier
Bel-Air
Bellevue
Bellegarde
Palageat
Vendèze
Camols
Massales
Fontlong
Pitot
la Varenne
Varenne
le Blaud
St Gal
Puy Cornard
la Crousette
Allauzier
les Quirouses
le Théron
la Rode
les Plots
le Moulin de l'Ausel
Dauzanne
Prentegarde
Plateau de Mons
les Cramades
Lachau
Garage Roche Murat
les Tanneries
la Chaumette
la Croix de Montplain
le Colombier
l'Escure
Volzac
Raplat
GR de Pays
I G N
Carte n° 2535

Passer devant l'église et prendre à gauche le chemin carrossable, dans le prolongement de la route, qui conduit au hameau de Roueyre, traverser le D 679 et suivre le chemin en face, 150 m plus loin, s'engager à droite sur un chemin carrossable qui surplombe la rive gauche de l'Ander jusqu'au

7 km - 1 h 45 - Moulin de Massalès (800 m)

De là, une variante balisée permet de gagner directement la ville basse et la gare de Saint-Flour.

Variante directe

20 mn - Saint-Flour (gare et ville basse)

Ne pas traverser la rivière, continuer le grand chemin rive gauche qui après une boucle passe sous la ligne de chemin de fer près du camping de l'Ander et du marché couvert pour arriver dans les faubourgs de la ville puis sur la grande place de la Liberté.

Le GR 4 franchit l'Ander, longe, puis coupe la voie ferrée par une petite route qui remonte en faisant une large boucle. Dépasser une maison neuve et prendre à gauche un chemin qui passe en contrebas de la piscine et du gymnase pour aboutir rue Blaise-Pascal. Prendre à gauche, passer devant le bâtiment des télécommunications et, au carrefour suivant, à droite la rue du Cardinal-Bernet qui monte sous la ville haute de Saint-Flour. Juste après le carrefour, emprunter à gauche une traversière dite chemin du Muret qui grimpe directement vers la rue de Belloy dans le vieux Saint-Flour.

2 km - 30 mn - Saint-Flour-Ville Haute (880 m)

Ancienne ville médiévale fortifiée perchée sur un promontoire basaltique. Portes du XIVe siècle. Maison des gouverneurs (XVe). Maison consulaire (XVIe). Nombreuses maisons et hôtels du XVe au XVIIe, cathédrale du XVe siècle. Musée de la Haute-Auvergne.

Très belles vues à l'extrémité de la place d'Armes dominant l'Ander et la ville basse.

Cafés, hôtels, restaurants, ravitaillement.
Office de tourisme, avenue du Docteur-Mallet.

De la vieille ville, on peut redescendre vers la ville basse.

1 km - 15 mn - Saint-Flour - Ville Basse (770 m) - Repère Z -

Gare SNCF, ligne Paris - Clermont - Béziers (train « l'Aubrac »).

Cars, tous commerces. Point d'information, syndicat d'initiative.

Pour la suite du GR 4 vers Pont-Saint-Esprit, consulter le topo-guide « *Des gorges de l'Ardèche au Cantal* ».

Index des noms de lieux

7e édition : janvier 1995
Auteur : FFRP-CNSGR

ISBN n° 2-85699-601-9
Dépôt légal : janvier 1995
Imprimerie Publi-Offset, Cahors